命理生活新智慧・叢書 72-2

八字算命速成寶典

八字王

《二版修訂版》

金星出版社 http://www.venusco.com.tw
E-mail: venusco@pchome.com.tw
法 雲 居 士 http://www.fayin.tw
E-mail: fatevenus@yahoo.com.tw

法雲居士⊙著

金星出版

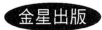

國家圖書館出版品預行編目資料

八字王—八字算命速成寶典《二版修訂版》／法雲居士著， --臺北市：金星出版：紅螞蟻總經銷，2010年4[民99年]修訂2版　面；　公分--（命理生活新智慧叢書；72-2）

ISBN:978-986-6441-172　(平裝)

293.1

八字王—八字算命速成寶典《二版修訂版》

作　　者：法雲居士
發 行 人：袁光明
社　　長：袁靜石
編　　輯：王璟琪
總 經 理：袁玉成
出 版 者：金星出版社
地址：台北市南京東路3段201號3樓
電話：886-2--25630620•886-2-2362-6655
FAX：886-2365-2425
總 經 銷：紅螞蟻圖書有限公司
地　　址：台北市內湖區舊宗路二段121巷28・32號4樓
電　　話：(02)27953656(代表號)
網　　址：www.venusco.com.tw
金星出版社.com
E-mail　：venusco@pchome.com.tw
venus@venusco.com.tw
法雲居士網址：http://www.fayin.tw
E-mail　：fatevenus@yahoo.com.tw
版　　次：2010年4月　2版修訂版
登 記 證：行政院新聞局局版北市業字第653號
法律顧問：郭啟疆律師
定　　價：350 元

行政院新聞局局版北字業字第 653 號
(本書遇有缺頁、破損倒裝請寄回更換)

ISBN：978-986-6441-172　（平裝）

序

會寫這本『八字王——八字算命速成寶典』的八字專門書，是有很多因緣存在的。

中國自伏羲創八卦、周文王演八卦，漸漸有了方位與時間的制定，時間其實也就是地球繞太陽公轉的黃道上每一個細微的標的，我們運用了這些分分秒秒的時間標的，再為人來到這個地球上的駐足點，一一的作分析，古人將這些智慧聚集起來，然後再用以卜人類在生活上的吉凶，這就是中國人算命的基礎，同時，用這種將時間點的十字標的，直接將之經緯化，直接將之立體化起來，成為四度空間（年、月、日、時各為一個空間）的，就稱為八字學。

所以嚴格的講起來，人的出生八字（時間）就是當地球在公轉路途上走到那一點，而人就出生在那一點上的時間十字標的上的意思。因此，八字也帶有方位的意味，有了方位就要講究五行了，故而八字的內容就是這麼豐富了起來。

幾年前我寫了一套上、中、下三冊的『如何選取喜用神』的書，這也是一套八字的書。是用自己學習八字的讀書心得，經過再次琢磨後，再用一種最簡單、最白話的方法來寫這本書，以及用最淺顯的道理來比喻其中的內涵。但是有很多學生和讀者跟我說，八字很難學，看不懂，甚至很多人搞不清楚為何要學八字？

八字學，自古以來便有很好的傳承與學理，自秦漢一直不斷演進至北宋時期，有徐子平將之集結成書，以至到明清之際，學者與讀書致仕之人不斷的自學自用、相互砌磋！以致八字學的學理更見精純。也更能掌握人命運的脈動。

現代人喜歡算命，有些人更以為算命師很好賺！快速的學一學，就出來操業，在來向我學習命理的學生中也不乏這種人。有些學了一知半解便想馬上賺錢。有些原已開業命相館的人又再來我處學習一、二個月，美其名鍍金，表示他也是拜過師了。

真正精通命理學的人，不懂八字是不行的。八字和風水、墓葬、陽宅、論命，天生富貴都是有密切關係的。可以說，中國人論命的基礎，最早是易經，接下來是葬經，再其次就是五星學與八字學了。你不懂八字，如何替人看風水、取名字、勘陽宅、找寶穴呢？你又如何為人看命論相呢？現今的奇門遁甲、九宮數字及生肖論命，大多是以雕蟲小技的旁枝末節來戲玩一下，不足以來概括的討論人生及命運。因此，要成為一個真正的命理師，不懂八字，也不能自命非凡了。雖然有某些人將我的紫微斗數書上所寫之內容，一一抄寫在命盤上每一宮位上，來替人算命，以為這樣就可以做一個算命師了，這實在也非常可笑！因為沒有真才實學，沒多久便會露餡，被人恥笑了。所以我奉勸這些急著賺算命的錢的人，還是多花一點時間，花一些功夫，把自己論命的基礎打好，將來才立於算命師不敗之地！我常說，紫微斗數是從八字演變過來的，因此你要在紫微斗數上更上層樓，便一定要精研八字學，努力學八字不行。這本『八字王』，我也用最明顯簡單的方式將八個字及干支之間概率問題所產生的命運狀況加以分析，並將八字中所隱藏的財富、專業及六親關係一一說明，故此書將是目前學習八字最簡單、易學又快速進入神準境界的一本書。

在此與讀者及有志從事命理師的人，一起共勉之！

法雲居士　謹識

命理生活叢書72-2

八字王——八字算命速成寶典

《二版修訂版》

八字算命速成寶典

八字王

目錄

第一章　八字基本學理

八字基本學理，首重陰陽強弱，次重五行生剋，再重天干地支含用。

陰陽

陰陽即強弱、高下之分。如天為陽、地為陰，雄為陽、雌為陰，男為陽、女為陰，山為陽、水為陰等等。

天干有陰陽，**陽干為甲、丙、戊、庚、壬**。因此甲年、丙年、戊年、庚年、壬年為陽年，這些年出生的人，男為陽男，女性為陽女。

陰干為乙、丁、巳、辛、癸。因此乙年、丁年、巳年、辛年、癸年為陰年。這些年出生之人，男子為陰男，女子為陰女。

地支有陰陽：寅、辰、午、申、戌、子為陽。卯、巳、未、酉、亥、丑為陰。

※亦因子中有癸水為陰，午中有丁己祿，也為陰，故亦有將子、午二支列為陰支的，以巳中有丙、戊祿而列為陽支。

五行、四時

五行為金、木、水、火、土。

五行相生為：金生水、水生木、木生火、火生土、土生金。

五行相剋為：金剋木、木剋土、土剋水、水剋火、火剋金。

五行代表干支：木代表甲乙寅卯，火代表丙丁巳午，土代表戊巳辰戌，金代表庚辛申酉，水代表壬癸亥子。

五行四時：春屬木，夏屬火，秋屬金，冬屬水，土屬於四季月，辰、未、戌、丑月。在立春、立夏、立秋、立冬前約十八天之內，土旺用事。

五行四時旺相休囚：

春：木旺、火相、土死、金囚、水休。（木旺於春，在立春之後）

夏：火旺、土相、金死、水囚、木休。（火旺於夏，在立夏之後）

秋：金旺、水相、木死、火囚、土休。（金旺於秋，在立秋之後）

冬：水旺、木相、火死、土囚、金休。（水旺於冬，在立冬之後）

四季月：土旺、金相、水死、木囚、火休。

（三、六、九、十二月為四季月）

干支四時旺相休囚：

甲乙寅卯木：春旺、夏休、秋死、冬相、季囚。

丙丁巳午火：春相、夏旺、秋囚、冬死、季休。

戊己辰戌丑未土：春死、夏相、秋休、冬囚、四季月旺。

庚辛申酉金：春囚、夏死、秋旺、冬休、季相。

壬癸亥子水：春休、夏囚、秋相、冬旺、季死。

天干

十天干：甲、乙、丙、丁、戊、己、庚、辛、壬、癸。

天干五行及方位屬相：甲、乙屬木，為東方。
丙、丁屬火，為南方。
戊、己屬土，為中央。
庚、辛屬金，為西方。
壬、癸屬水，為北方。

天干相合及合化：甲、己相合（五合），甲乙相合化土。
乙、庚相合（五合），乙庚相合化金。
丙、辛相合（五合），丙辛相合化水。
丁、壬相合（五合），丁壬相合化木。
戊、癸相合（五合），戊癸相合化火。

天干相剋：甲與庚相剋。乙與辛相剋。丙與壬相剋。丁與癸相剋。甲木可疏戊土，戊土制壬，不算剋。

地支

十二地支：子、丑、寅、卯、辰、巳、午、未、申、酉、戌、亥。

地支相屬月份：正月為寅月，二月為卯月，三月為辰月，四月為巳月，五月為午月，六月為未月，七月為申月，八月為酉月，九月為戌月，十月為亥月，十一月為子月，十二月為丑月。

地支相屬生肖：子為鼠，丑為牛，寅為虎，辰為龍，巳為蛇，午為馬，未為羊，申為猴，酉為雞，戌為狗，亥為豬。

地支與天干五行方位

寅、**卯**含甲、乙，五行屬木，代表東方。

巳、午含丙、丁，五行屬火，代表南方。
辰、戌、丑、未含戊己，五行屬土，代表中央。
申、酉含庚、辛，五行屬金，代表西方。
亥、子含壬、癸，五行屬水，代表北方。

地支代表四季：寅、卯、辰月為春季，巳、午、未月為夏季，申、酉、戌月為秋季，亥、子、丑月為冬季。

地支會合：卯、亥、未會木局。寅、午、未會火局。巳、酉、丑會金局。申、子、辰會水局。寅、卯、辰為東方、木方。已、午、未為南方、火方。申、酉、戌為西方、金方。亥、子、丑為北方、水方。

地支六合：子丑相合化土。午未相合化火。寅亥相合化木。辰酉相合化金。巳申相合化水。卯戌相合化火。

地支六沖：子午相沖。丑未相沖。辰戌相沖。寅申相沖。巳、亥相沖。卯、酉相沖。

地支相刑：寅巳相刑。寅申相刑。巳申相刑。（此稱無恩之刑）

辰丑相刑。丑未相刑。未戌相刑。丑戌相刑。（此稱持勢之刑）

子卯相刑。（此稱無禮之刑）。

辰辰相刑。午午相刑。亥亥相刑。酉酉相刑。子子相刑。

卯卯相刑。（此稱自刑）

※禍之極為刑。旺逾其度亦為刑。

地支相破：卯破午，午破酉。

地支六害（又稱六穿）：子未相害（相穿）。丑午相害。寅巳相害。卯辰相害。申亥相害。酉戌相害。

地支藏用

巳	午	未	申
庚戊丙	己丁	乙丁己	庚壬戊
金生 戊祿 丙祿	祿己丁	墓 木	庚祿 水生
辰	人元地支藏用圖		酉
癸乙戊			辛
墓 水			祿辛
卯			戌
乙			辛丁戊
祿 乙			墓 火
寅	丑	子	亥
戊丙甲	辛癸己	癸	甲壬
甲祿 土生 火生	墓 金	祿 癸	木生 壬祿

六十甲子

甲子旬	甲戌旬	甲申旬	甲午旬	甲辰旬	甲寅旬
甲子	甲戌	甲申	甲午	甲辰	甲寅
乙丑	乙亥	乙酉	乙未	乙巳	乙卯
丙寅	丙子	丙戌	丙申	丙午	丙辰
丁卯	丁丑	丁亥	丁酉	丁未	丁巳
戊辰	戊寅	戊子	戊戌	戊申	戊午
己巳	己卯	己丑	己亥	巳酉	己未
庚午	庚辰	庚寅	庚子	庚戌	庚申
辛未	辛巳	辛卯	辛丑	辛亥	辛酉
壬申	壬午	壬辰	壬寅	壬子	壬戌
癸酉	癸未	癸巳	癸卯	癸丑	癸亥

六十花甲子納音歌

甲子乙丑海中金。丙寅丁卯爐中火。戊辰己巳大林木。庚午辛未路旁土。壬申癸酉劍鋒金。

甲戌乙亥山頭火。丙子丁丑澗下水。戊寅己卯城頭土。庚辰辛巳白蠟金。壬午癸未楊柳木。

甲申乙酉井泉水。丙戌丁亥屋上土。戊子己丑霹靂火。庚寅辛卯松柏木。壬辰癸巳長流水。

甲午乙未沙中金。丙申丁酉山下火。戊戌己亥平地木。庚子辛丑壁上土。壬寅癸卯金箔金。

甲辰乙巳覆燈火。丙午丁未天河水。戊申己酉大驛土。庚戌辛亥釵釧金。壬子癸丑桑柘木。

甲寅乙卯大溪水。丙辰丁巳沙中土。戊午己未天上火。庚申辛酉石榴木。壬戌癸亥大海水。

第二章 八字四柱排演

(包含安命宮、推胎元、大運流年排法)

八字四柱排列

八字四柱排列就是將人的出生時間，包括年、月、日、時，變成干支，列成四排，稱為四柱，共為八個字，故稱八字四柱。人出生的年、月、日可查萬年曆找出，即能迅速排列出來。時辰會先知道時支，再用速查表或『五鼠遁日起時法』來排出時柱天干與地支。

例如：西元二〇〇五年五月十六日午時生人，農曆為乙酉年，四月初九日之午時，其八字為：

乙酉
辛巳
庚子（日主）
壬午

時干速見表（五鼠遁日起時表）

時支＼日干	甲己	乙庚	丙辛	丁壬	戊癸
子	甲	丙	戊	庚	壬
丑	乙	丁	己	辛	癸
寅	丙	戊	庚	壬	甲
卯	丁	己	辛	癸	乙
辰	戊	庚	壬	甲	丙
巳	己	辛	癸	乙	丁
午	庚	壬	甲	丙	戊
未	辛	癸	乙	丁	己
申	壬	甲	丙	戊	庚
酉	癸	乙	丁	己	辛
戌	甲	丙	戊	庚	壬
亥	乙	丁	己	辛	癸

排四柱須注意之問題

1. 在命理上，排年干支以立春為標準。在本年立春後出生的人，是以本年之年干支為年柱干支。
2. 在本年立春前出生的人，是以前一年之年干支為年柱干支。
3. 在本年十二月出生，但在立春後出生的人，則算是下一年的年柱干支。
4. 在命理上排月干支，只用『節』而不用『氣』。在本月節令後出生的人，以本月節令來定月干支、排月柱。
5. 在本月節令前出生的人，以前一月的干支排月柱。
6. 在本月中下一個節令後出生的人，則以下一個月之干支排月柱。

十二個月份月建與節氣

正月月支『寅』——由立春（節）至雨水（氣）。
二月月支『卯』——由驚蟄（節）至春分（氣）。
三月月支『辰』——由清明（節）至穀雨（氣）。
四月月支『巳』——由立夏（節）至小滿（氣）。
五月月支『午』——由芒種（節）至夏至（氣）。
六月月支『未』——由小暑（節）至大暑（氣）。
七月月支『申』——由立秋（節）至處暑（氣）。
八月月支『酉』——由白露（節）至秋分（氣）。
九月月支『戌』——由寒露（節）至霜降（氣）。
十月月支『亥』——由立冬（節）至小雪（氣）。
十一月月支『子』——由大雪（節）至冬至（氣）。
十二月月支『丑』——由小寒（節）至大寒（氣）。

在命理上，只用『節』而不用『氣』。例如一月由立春開始至驚蟄為止。二月由驚蟄以後至清明前為止。三月由清明到立夏。立夏即為四月，以此類推。

7. 排時干最要注意的就是『早子時』與『夜子時』的問題。

全世界皆以二十四小時為一日，以二十四時零分為一日之始，以二十四時整為一日之終止，凡是夜間二十三點至二十四時整點出生的人，算當日出生，用當日的日干支。而**時干支的求法則以次日的日干與時支的子時來推定**。

8. 在零時（二十四時一過便是零時）至清晨一點出生的人，算是第二日出生的人，此為第二日清晨，故稱『早子時』。其時干支以第二日的日干支與時干來推定。

例如：日干支為庚辰，生於夜晚11:30。此為『夜子時』。

其　日柱為　庚辰
　　時柱　　戊子

例如：日干支為庚辰，生於夜晚12:30。已為第二天辛巳日之凌晨，此為『早子時』。

其　日柱為　辛巳
　　時柱　　戊子

如何安命宮

安命宮速見表

生時＼生月	寅月	卯月	辰月	巳月	午月	未月	申月	酉月	戌月	亥月	子月	丑月
子	卯	寅	丑	子	亥	戌	酉	申	未	午	巳	辰
丑	寅	丑	子	亥	戌	酉	申	未	午	巳	辰	卯
寅	丑	子	亥	戌	酉	申	未	午	巳	辰	卯	寅
卯	子	亥	戌	酉	申	未	午	巳	辰	卯	寅	丑
辰	亥	戌	酉	申	未	午	巳	辰	卯	寅	丑	子
巳	戌	酉	申	未	午	巳	辰	卯	寅	丑	子	亥
午	酉	申	未	午	巳	辰	卯	寅	丑	子	亥	戌
未	申	未	午	巳	辰	卯	寅	丑	子	亥	戌	酉
申	未	午	巳	辰	卯	寅	丑	子	亥	戌	酉	申
酉	午	巳	辰	卯	寅	丑	子	亥	戌	酉	申	未
戌	巳	辰	卯	寅	丑	子	亥	戌	酉	申	未	午
亥	辰	卯	寅	丑	子	亥	戌	酉	申	未	午	巳

五虎遁年起月表

年干＼月份	寅	卯	辰	巳	午	未	申	酉	戌	亥	子	丑
甲己	丙	丁	戊	己	庚	辛	壬	癸	甲	乙	丙	丁
乙庚	戊	己	庚	辛	壬	癸	甲	乙	丙	丁	戊	己
丙辛	庚	辛	壬	癸	甲	乙	丙	丁	戊	己	庚	辛
丁壬	壬	癸	甲	乙	丙	丁	戊	己	庚	辛	壬	癸
戊癸	甲	乙	丙	丁	戊	己	庚	辛	壬	癸	甲	乙

※命宮地支查出後，再以年柱天干為準，以『五虎遁年起月法』求得命宮宮干，於是命宮干支組成。

推算胎元

胎元即是受胎月份。此僅供參考之用。有時在選取喜用神無用神可選時，會參考其胎元來選用。例如其人八字缺水，而胎元中蘊藏有水則為救助，使其人不致瞎眼、病痛或窮困，亦能有小富。

推算胎元很簡單：第一種方法，就是回溯九個月之月干支便是。**第二**

種方法：就是用月干支，天干下一位，地支下三位所得之組合，即為胎元。如月干支為甲午，天干甲下一位為乙，午下三位為酉，則胎元為乙酉。

大運排法

以出生年年干來分，陽男、陰女為由出生之日順算至下月之節氣止，看總共為幾日及幾個時辰。陰男、陽女則由出生之日開始，逆算至上一個節氣止，看總共有幾日及個時辰。再用三日折算一歲，一日折算四個月，一個時辰折算十天。通常中國人以一出生即算一歲，故此大運為虛歲之大運起算之歲數。以月柱干支為準，照干支順序排列，仍要以陽男陰女順排，陰男陽女逆排。

大運排法：

以月柱干支為準，照干支順序排列，仍要以陽男陰女順排，陰男陽女逆排。

大運一柱管事為十年，（干支二字）干管五年，支管五年。起大運之歲數會在一歲至十二歲之間。

例如：男命西元一九七八年八月十三日午時生人，為戊午農七月初十午時生人，其大運排法為：（陽男順排）

		大運
年柱	戊午	辛酉 9歲
月柱	庚申	壬戌 19歲
日柱	丁未	癸亥 29歲
時柱	丙午	甲子 39歲
		乙丑 49歲
		丙寅 59歲
		丁卯 69歲

例如：女命西元一九七八年八月十三日午時生人，為陰曆戊午年七月初十午時生人，其大運排法為：(陽女逆排)

年柱	戊午	大運	
		己未	2歲
月柱	庚申	戊午	12歲
日柱	丁未	丁巳	22歲
時柱	丙午	丙辰	32歲
		乙卯	42歲
		甲寅	52歲
		癸丑	62歲

※此大運，再配合喜用神，即能知道此人一生最大之旺運高點是在幾歲了。例如前造命格需丙火為喜用神，男命要到59歲為最佳之運程。而女命在32歲即能逢此生之旺運高潮點了。

通俗看大運法

另一種通俗的看大運法，以四柱中，每一柱代表二十年，四柱共看到80歲。

年柱戊午——1歲至20歲。年干代表1～10歲，年支代表11～20歲

月柱庚申——21歲至40歲。年干代表21～30歲，年支代表31～40歲

日柱丁未——41歲至60歲。年干代表41～50歲，年支代表51～60歲

時柱丙午——61歲至80歲。年干代表61～70歲，年支代表71～80歲

第三章　干支配合六神、十神

何謂六神

子平八字繼李虛中之後，主要是以神煞論命，故將五行生剋之關係用六神定出。例如八字中以『日元』、『日干』為『我』，代表自身。再以『我』和周邊八字的生剋關係來做一個評定。也就是用日干和年干、年支、月干、月支、日支、時干、時支相互間之五行生剋的關係，將之標清楚是剋我、我剋、生我、我生及同類等關係，來做為八字論命的基礎。這些再加上自身『我』，共有六種關係，通稱為六神。並以六神配六親。

六神亦可說是官煞、印綬、財、食傷、比劫及『我』六種。這六種統稱為『六神』。

官煞：即是正官和偏官。偏官又稱七煞，故兩者統稱『官煞』。亦稱『官煞』代表君主。是『我』所事奉敬畏的主人，或是能支配『我』，束縛我、管制我的人。例如火可以剋金，火就是金的官煞。火也稱為金的鬼官。因在八卦中，鬼為繫爻，故稱官煞為鬼。屬於會剋制我們，是我們很討厭的東西，故稱其為鬼。

印綬：分為正印和偏印。因在八卦中是義爻，天地為義爻。天地也就是父母。是生我的人，稱之為父母。同樣也是會蔭庇、照顧我、對我有益的人。在五行中就像木為水所生，金生水。水是木的印綬，金是水的印綬。亦可以說：水是木之父母。金是水之父母一樣。

財：分為正財和偏財。財在八卦中為制爻。財是為我們所控制花用的，也是可以為『我』的力量去支配的，聽命於『我』的。通常妻妾聽命、侍奉於夫。故財又稱『妻財』。就好像木會剋土。而土就是木之財星一樣。

食傷：就是食神、傷官。是由我所出生，由我所製造、發洩出來的東西。就好像子女是我所生。智慧、智謀是由我的腦子所產生出來的一樣。在八卦中為寶爻。並且以福德為寶爻。所謂的福德就指的是子孫。有德有福才會有子孫、子孫也是由我們所生的延續的。故以子孫為食傷。凡是在五行中由『我』（指日主、日干）所生的，皆是食傷。例如金生水，水是金的食傷。水生木，木是水的食傷一般。

比劫：就是比肩、劫財。比劫就是並肩比坐，相互支財來用的意思。有誰會和你有通財之義，平起平坐呢?當然是兄弟囉！凡同類的人，或一起做事的人，一個鼻孔出氣的人，都是同類的兄弟。因此比劫就是代表的兄弟。在八卦中同氣為專爻。同氣就是兄弟。在五行中例如金與金，木與木，水與水，火與火，土與土相見，都是同氣。故彼此的關係稱為比劫。陽碰陽，陰碰陰都是比肩。例如我的日干是『丙火』。丙是陽，再遇『丙』，陽見陽為比肩。丁火是陰，丁見丁也是比肩。丙（丙是日干）。見丁是陽見陰，就是劫才了。丁（丁是日干）見丙，陰見陽也是劫財。

何謂十神

十神就是如同前面所說，再細分，將官煞分為正官、偏官。偏官亦稱七殺。將印綬又分為正印、偏印。將食傷分為食神和傷官。將財分為正財、偏財。將比劫分為比肩及劫財。這些合稱十神。『十神』分出後，就可以和天干、地支相配合，來勘八字的格局，及來算命了。所以『十神』是算八字的中間過程的符號。

在算八字時，亦會將『十神』之符號標在八字上，十神的符號是：正官為『官』，偏官為『殺』。正印為『印』，偏印為『卩』。正財為『財』，偏財為『才』。劫財為『劫』字。比肩為『比』字，傷官為『亻』。食神為『食』字。

這些符號可標在八字上，以使用來計算格局或取用神。

例如：

卩	食	日主	才
丁	辛	己	癸
巳	亥	丑	酉
劫印	官財	才食比	食

天干配合十神

天干陰陽生剋及財官印檢查表（以日干為主，橫列來看）

日干	傷官	食神	正官	偏官（七殺）	正財	偏財	正印	偏印（梟神）	劫財	比肩
甲	丁	丙	辛	庚	己	戊	癸	壬	乙	甲
乙	丙	丁	庚	辛	戊	己	壬	癸	甲	乙
丙	己	戊	癸	壬	辛	庚	乙	甲	丁	丙
丁	戊	己	壬	癸	庚	辛	甲	乙	丙	丁
戊	辛	庚	乙	甲	癸	壬	丁	丙	己	戊
己	庚	辛	甲	乙	壬	癸	丙	丁	戊	己
庚	癸	壬	丁	丙	乙	甲	己	戊	辛	庚
辛	壬	癸	丙	丁	甲	乙	戊	己	庚	辛
壬	乙	甲	己	戊	丁	丙	辛	庚	癸	壬
癸	甲	乙	戊	己	丙	丁	庚	辛	壬	癸

地支陰陽生剋及財官印檢查表（以日干為主，橫列來看）

日干	傷官	食神	正官	偏官（七殺）	正財	偏財	正印	偏印（梟神）	劫財	比肩
甲	午	巳	酉	申	丑未	辰戌	子	亥	卯	寅
乙	巳	午	申	酉	辰戌	丑未	亥	子	寅	卯
丙	丑未	辰戌	子	亥	酉	申	卯	寅	午	巳
丁	辰戌	丑未	亥	子	申	酉	寅	卯	巳	午
戊	酉	申	卯	寅	子	亥	午	巳	丑未	辰戌
己	申	酉	寅	卯	亥	子	巳	午	辰戌	丑未
庚	子	亥	午	巳	卯	寅	丑未	辰戌	酉	申
辛	亥	子	巳	午	寅	卯	辰戌	丑未	申	酉
壬	卯	寅	丑未	辰戌	午	巳	酉	申	子	亥
癸	寅	卯	辰戌	丑未	巳	午	申	酉	亥	子

十神之意義

正官：陽剋陰，陰剋陽為正官。

偏官：陽剋陽、陰剋陰為偏官。又名七殺或七煞。

剋我者為官。兩干相剋，喜其生旺，不怕它來剋我的，都稱之為官（管束的意思）。若怕它來剋我的，就必須以印化它，或以食傷來制它。這兩種情形都稱為『煞』。因此偏官稱為煞官，以煞論。天干相距七位則相剋，也稱七煞。

正印：陽生陰、陰生陽為正印。

生我者為印綬，分為正印、偏印。日元弱，有印相生，不論偏正皆為可用。日元強時，喜食神洩之。見偏印會奪去食神，稱為倒食或梟印。

倒食梟印：日元強，本來要以食神洩之，但日主為陰干，陰干之正印與食神相合，也不會奪去食神，故稱倒食、梟印，這是只有偏印才有的格局。

例如：日主乙木為陰干，其正印為壬水，食神為丁火，丁壬相合化木，反到有助乙木。

偏印：陽生陽，陰生陰為偏印又稱倒食、梟印。

正財：陽剋陰、陰剋陽為正財。

偏財：陽剋陽、陰剋陰為偏財。

以陽干來說，陽剋陰，兩干必相合，如丙火剋辛金，丙辛相合。這是屬於我自己的財，稱為正財。而丁火剋庚金、陰剋陽，剋不住，不協調，即為他人之財，是為偏財。

食神：陽生陽、陰生陰為食神。

傷官：陽生陰、陰生陽為傷官。

傷官即為傷害官星之意。陽干的食神必會與官星相合，傷而不傷。例如丙為陽干，其食神為戊土，與官星癸水相合。即不會傷害官星。而陰干食神以陰剋陽，如丁火以己土為食神，無法剋其印綬甲木，也無法傷害官星。只有正剋官星，例如己土可制癸水，才會傷害到官星，故稱傷官。又稱盜氣。

食神為我本身之食祿。又稱天廚、天壽。

比肩：陽見陽、陰見陰為比肩。

劫才：陽見陰、陰見陽為劫才。又名敗才。

凡與日元性質屬類相同的，稱為比肩、劫才。例如甲木見甲木。乙木見乙木。而丙火見丙火為比肩。而甲見乙、丙見丁、丁見丙、乙見甲、戊見己等都是劫才。因同類，又有分財之義，故稱劫財或敗財。

何謂陽刃

陽干在臨官之位最旺為極度，到了帝旺之位，已經超過了其旺度，漸有趨弱之勢。而陽干在帝旺這個位置的刻度，稱之為『刃』。它與劫有不同之處，故只用劫的半邊字為『刃』。也只有陽干才有刃，故稱『陽刃』。

陰干則以帝旺為最旺之極度。再下去為衰位，後退為臨官。因此帝旺為不旺也不衰之位，因此陰干沒有刃。故無陰刃。

甲之陽刃在卯。丙、戊之陽刃在午。庚之陽刃在酉。壬之陽刃在子。

因此刃只在子、午、卯、酉。

何謂『祿』

祿為五行最旺的地方，陽干以臨官為祿。陰干以帝旺為祿。

例如甲為陽干，其祿地在寅宮。乙為陰干，其祿地在卯宮。以此類推。

甲祿在寅。乙祿在卯。丙戊祿在巳。丁己祿在午。

庚祿在申。辛祿在酉。壬祿在亥。癸祿在子。

長生十二運

在人生運氣當中有長生十二運，即是長生、沐浴、冠帶、建祿、帝旺、衰、病、死、墓、絕、胎、養等長十二神所形成的。

長生十二運表

日干	長生	沐浴	冠帶	建祿	帝旺	衰	病	死	墓	絕	胎	養
甲	亥	子	丑	寅	卯	辰	巳	午	未	申	酉	戌
乙	午	巳	辰	卯	寅	丑	子	亥	戌	酉	申	未
丙	寅	卯	辰	巳	午	未	申	酉	戌	亥	子	丑
丁	酉	申	未	午	巳	辰	卯	寅	丑	子	亥	戌
戊	寅	卯	辰	巳	午	未	申	酉	戌	亥	子	丑
己	酉	申	未	午	巳	辰	卯	寅	丑	子	亥	戌
庚	巳	午	未	申	酉	戌	亥	子	丑	寅	卯	辰
辛	子	亥	戌	酉	申	未	午	巳	辰	卯	寅	丑
壬	申	酉	戌	亥	子	丑	寅	卯	辰	巳	午	未
癸	卯	寅	丑	子	亥	戌	酉	申	未	午	巳	辰

以日干對照四柱的地支，查表即知長生十二運為何了。

例如：

	戊午	建祿
	庚申	沐浴
日主	丁未	冠帶
	丙午	建祿

六甲空亡

在六十甲子數中，天干有十，地支有十二，天干和地支相配合，則會多出兩個地支出來，此二字即為『地支空亡』。共有六甲旬，故稱『六甲空亡』。

例如：

甲子旬中無戌亥，甲戌旬中無申酉，甲申旬中無午未。

甲午旬中無辰巳，甲辰旬中無寅卯，甲寅旬中無子丑。

六甲空亡表

										空亡
甲子	乙丑	丙寅	丁卯	戊辰	己巳	庚午	辛未	壬申	癸酉	戌亥
甲戌	乙亥	丙子	丁丑	戊寅	己卯	庚辰	辛巳	壬午	癸未	申酉
甲申	乙酉	丙戌	丁亥	戊子	己丑	庚寅	辛卯	壬辰	癸巳	午未
甲午	乙未	丙申	丁酉	戊戌	己亥	庚子	辛丑	壬寅	癸卯	辰巳
甲辰	乙巳	丙午	丁未	戊申	己酉	庚戌	辛亥	壬子	癸丑	寅卯
甲寅	乙卯	丙辰	丁巳	戊午	己未	庚申	辛酉	壬戌	癸亥	子丑

查看八字中是否有『空亡』，是以年柱和日柱干支為主，來對照其餘三柱地支而選的。

1. 首先看年柱為六甲旬中的那一旬，再查看那一旬中的空亡為何，再看月、日、時支上是否有空亡字，有則為空亡。如空亡在月柱，即月柱有空亡，空亡在時柱，則時柱有空亡。若全無，則無空亡。

2. 其次再用日柱干支為準，查其在六甲旬中空亡為何，再和年支、月支、時支比對，看是否有空亡。

※**八字中多出現空亡者**：易人生無力、六親無靠，人生無成就，出現在年柱者，易祖上單薄，移枝改姓，和祖先緣份不深，代表幼年不吉，空亡出現在月柱者，易與父母、兄弟緣薄、無助力，代表青少年不吉、運不好。出現在日支時，易婚姻不美，或不婚。代表中年運不佳，出現在時柱者，易與子女無緣，或無子，或無才華，無成就。

紫微姓名學

法雲居士◎著

『紫微姓名學』是一本有別於坊間出版之姓名學的書，
我們常發覺有很多人的長相和名字不合，
因此讓人印象不深刻，
也有人的名字意義不雅或太輕浮，以致影響了旺運和官運，
以紫微命格為主體所選用的名字，
是最能貼切人的個性和精神的好名字，
當然會使人印象深刻，也最能增加旺運和財運了。
『姓名』是一個人一生中重要的符號和標幟，
也表達了這個人的精神和內心的想望，
為人父母為子女取名字時，就不能不重視這個訊息的傳遞。

法雲居士以紫微命格的觀點為你詳解『姓名學』中，
必須注意的事項，助你找到最適合、助運、旺運的好名字。

第四章　日元所代表的意義

在每個人的八字中，日元，又稱日主，就是出生日的干支。每個人的出生日的干支有其個別不同的意義，此出生日的干支，即代表其人先天的命格。只要你先知道這些本命所代表之意義，再配合月干支所代表之外在環境，就自然可知道在你人生中會有多富、多貴、多有福的先天資源與先天本錢了。現在我們就先來看看自己的本命是怎樣的吧！

出生日為甲木的人

日主為甲木

日主『甲子』：甲子為水邊衰退之木，必須干透戊土，支有木庫根基，以丙火為用神，癸水藏支，品格可定。

日主『甲寅』：甲寅為碩果品彙之木，是一種高級的果木，必須有人持刀看守方可。故用庚金為用神，忌刑沖。

日主『甲辰』：甲辰為生長在溼地水旁之松木。喜丙火、庚金為用神，則能發達。若遇水多、土多，則非貧即夭，水土為忌神。

日主『甲午』：甲午為工匠砍鑿之木。必須要有刀斧工具運用，才能成棟樑器具。因此用神為庚金。若四柱中有『辰』、有『亥』，財祿更佳。

日主『甲申』：甲申為巨木被斫斷之後落入水中之木。此為枯木有水滋潤，與金石一樣堅硬。因此以『水』為用神。若四柱有火有金，枯折立見。

日主『甲戌』：甲戌為生長在土堆中的松杉之木。需厚土培植它，以雨露（癸水）滋潤其根莖，喜生時得時，忌氣候不和，四柱沖戰刑剋為不佳。

出生日為乙木的人

日主為乙木

日主『乙丑』：乙丑為泥中剛植下之木，最喜歡氣候溫暖，有陽光、水來滋潤的環境。若是乾旱或水災來侵害，則會受到摧殘，一生刑剋多而不順。

日主『乙卯』：乙卯為稷黍稻麥有美麗果實之木。這是一種有珍貴可食的植物。生於此日的人，喜歡財官、印綬來相呵護，以及丙丁食傷使之揚眉吐氣。忌諱酉沖卯，子刑卯，及甲木來劫財、辰土來相害。酉、子、甲、辰皆為忌神。

日主『乙巳』：乙巳為倒插於花瓶中之花木。必須要用泥漿深埋（需己土），並要用庚辰（金土）來穩固它，才能安穩的存活。若有陽火來照更好（丙火）。若一沖則死（遇亥，巳亥相沖）。搖動它則會枯萎，因此必須有庚金來穩固它則會生發而開花有富貴。

日主『乙未』：乙未為花架上的藤蘿之植物，最喜歡支上有寅亥等甲木來支助它，才能得雨露之惠，而有不凡的富貴。倘若無支架則會淪落塵土之中，泥濘不堪。

日主『乙酉』：乙酉為有香氣的盆中之花木。清香秀麗，可供賞玩。凡日主乙酉之人，四柱天干有財官、印綬（戊、庚、壬），地支無卯辰沖刑的人，則主貴。而最怕午破酉，亥刑酉，使花之精華破壞了。

日主『乙亥』：乙亥為寄生他木之植物，死處逢生，而有依附。日主乙亥者，多是移枝接木，若四柱中有甲木，則使乙木凋萎，有巳則沖亥。此命者多庶出或晚生之子，骨肉分離刑剋。若劫星甲木安穩，會有意外之奇遇。

出生日為丙火的人

日主為丙火

日主『丙子』：丙子為沐浴、咸池之地，出生於白天的人，為宜清靜養晦之人。喜命柱支上全西北方。並且支上有申辰亥丑為上乘格局。出生在夜間的人，勤勞自助，支上有支類東南方，並有『寅卯巳午未』等字，才會成為有用之人。

日主『丙寅』：丙寅為日升暘谷（太陽升在山谷上）。出生在白天的人，若四柱有『午』，為有豪氣英雄之人。出生在夜裡的人，可保元氣不傷。最怕四柱有申刑沖，會有傷剋。

日主『丙辰』：丙辰為日經天羅。辰宮為天羅宮，丙火為太陽。故稱之。辰亦為墓宮，故太陽行此，會有一些滯殆的現象。白晝所生之人，命格中要有多個陽性干支來扶身。夜生之人，要有戊己土在天干上，並且支上要會申子，才能中

日主『丙午』：丙午為日麗中天。此命主聲威顯赫，必須得左右有支柱，再有金水相幫扶，才能稱上格。若再加炎火燥熱，便不能享全福。

和成為上格。

日主『丙申』：丙申為日照崑崙。傳稱崑崙山下有泯池，太陽照至此，與水相激盪，而成美麗畫面。亦即『丙臨申位火無煙』。日主丙申，生於夜間之人，喜歡恬靜安詳的生活。生於日間的人，若日主前後年、月、時、干支沒有輔助，是一個多學少成就的人。因為日落西山，紅霞反照，光芒不久。

日主『丙戌』：丙戌為日入地網。戌宮為地網宮，亦是墓宮。太陽入地網宮，極為困頓無光。白日所生之人，必須四柱支上有寅午。夜生之人，必須支上有亥子，才能有成就。否則終身無發達之日。

出生日為丁火的人

日主為丁火

日主『丁丑』：丁丑是鑽木取火中的火花。鑽於木，就要利用甲木為引燃，以甲木為用神。利用石頭激出火花，便要用庚金做用神。一定要火土乾燥，才能點燃。若四柱支上有辰丑，支聚西北二方，丁火就會滅了。

日主『丁卯』：丁卯是祭祀所點之香火。喜歡木屑粘合，則香氣盤繞，可達天庭，而主貴。若命格四柱無壬有癸，丁火便有時生，有時絕滅。若四柱無壬無癸，丁火則會散漫、燥烈，煙灰易於飛散。

日主『丁巳』：丁巳是星星之火。晴天接觸一點日光，便可以燎原。若逢陰雨日，怎麼也點不燃。所以日主丁巳之人，只有得利於乙巳、丙午、丁未在四柱上為有用。若走金水運、墓庫的運程是不佳的。

日主『丁未』：丁未為已化為灰燼，尚有餘溫的香火。有火生土，土亦會生火。其火只有煙而無火焰。火種全賴灰土埋在其中，久久不會滅絕。日主為丁未的人，多聰明有傲骨，愈晚愈好運，走老運。

日主『丁酉』：丁酉為有玻璃罩的燈光。在夜間分外明亮輝煌。夜間出生者佳。白天生的人，也會自己性格清亮。丁酉日生的人，最喜歡命格中有壬水及乙木。最害怕癸水與甲木。更忌諱四柱支上有午與卯相刑沖，會有破耗及刑剋。

日主『丁亥』：丁亥為風前秉燭的燭光。最喜歡有壬官來合，稱為『有罩官燈』。其次喜歡有庚金在干上，稱為『墮鎮在手』。有兵權。若無庚無壬，而有甲有沖剋，就會貧困夭亡。

出生日為戊土的人

日主為戊土

日主『戊子』：戊子稱為蒙山。易經中說：『山下有泉曰蒙。』以山下有泉水之聲，空靈而響聲清徹之意。日主戊子的人，必須看命局四柱干支中財官、印綬、食神所生扶的是什麼而定用神。

日主『戊寅』：戊寅為艮山。以長生趨艮，氣脈聚會而定。戊在寅中長生。日主『戊寅』的人，喜歡命局中有煞刃、財星、食神。不喜刑沖破害和申字。因寅申相沖。

日主『戊辰』：戊辰為蟠泉吐穎之山。細細的水流，從山腰環繞流出。有語云：『淺水長流山不枯』。因此以財為重，水為土之財。最怕戊未填辰，戊未為乾土、燥土，會使戊辰大傷元氣。

日主『戊午』：戊午為火山。非常炎熱燥烈，一定要用水來制火。倘若日主戊午在命局中只有日柱為火，日主孤單衰弱，必須以能中和其命局的用神，才能主貴。

日主『戊申』：戊申為外表披著石頭的土山。須要金水和木氣。水能滋潤它。木氣能疏通它。最忌火土再燥烈，成為石山，為不毛之地。

日主『戊戌』：戊戌為魁罡演武之山。必須要有劫刃，使之得權。再有刃煞、財星、食神，彼此相制相扶。或是有戊癸相合，可有富貴。命局中忌支上有辰戌相沖，或四柱干支上下水多，稱為背水陣而不吉。

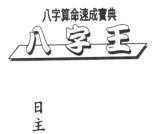

出生日為己土的人

日主為己土

日主『己丑』：己丑為含水量豐富，多膏脂的腴田之土。所能收穫的稻麥農作物也最多。日主己丑的人，最喜歡在命局中有雨露的滋潤，還要有太陽的卹照薰陶，其稻穗秀麗而多果實。若有子丑相沖，丑未相沖，武庫沖開之人，印煞相互得用，可輕易而得文武貴職建立功業。

日主『己卯』：己卯為休囚、並已失氣的土。這種土很貧瘠多石，沒有養分，無法生長植物。因此日主己卯的人，常有尚未到中年的時刻，便已心灰意懶。日主己卯的人，最好是命局中有丙、丁出干，或丙、丁藏於丑戌之中，才會對命局有救。最忌有酉、子來刑沖卯。

日主『己巳』：己巳為種在山上嶺頭的稼穡植物所用的土。黍稷（玉蜀黍、高粱等）類的植物喜歡高而乾燥之地。己土也要有陽光收乾其溼氣才行。日主己巳的人最怕在命局中年、月、日、時上水多，而有澇傷。也不宜有偏向晴天火炎，或是偏向雨天多水的命局。

日主『己未』：己未為種在土中的植物稼穡上覆蓋的土。像是芋頭苗、甘藷之類。必須有土來深深覆蓋，才會長得好。這些植物喜歡乾燥，怕潮溼。日主己未的人，喜歡有火土來培植，怕命局受到沖害。更喜歡有會合化土（如甲己相合化土），忌有刑穿剝削，使命局受損。

日主『己酉』：己酉是為了要種植稼穡植物，所堆積而成有營養的土。雖坐於長生之位，但是果實尚未豐腴成熟。因此日主己酉的人，在命局中最希望干支有丙寅，來培植生土，則其人會富貴無涯。若命局遇剝削，土則會變得貧瘠而無法使植物有好的收成了。

日主『己亥』：己亥是在水澤之地種稼穡的土，而此土是淤泥潮溼之土。平常很少能見到陽光，為陰溼之土。故喜歡有陽光的照射。日主己亥的人，命局中丙火多，則易果實秀麗，人生有成就。若命局多遇陰雨，再有陰木高張，會損其人之福壽。

出生日為庚金的人

日主為庚金

日主『庚子』：庚子為倒掛懸吊在空中的鐘磬。鐘裡面是空的，敲起來聲音才會響亮。適合坐於死絕之地上，支有子未相穿、子午相沖的命格，遇到受衝擊的運程，則會有名聞四海的聲譽。如果支上有丑戌，為火土填實鐘磬，則默默無聞，發不出聲響了。

日主『庚寅』：庚寅為放入爐火中冶煉的金錘。這是一種剛熔化之金。若有木火交加，則可消除陰氣，鍛煉成優良的品質。就怕命格中有壬癸水，恐難煉成好的物件。至於命局中有特別中和命局之法，有時加入辰水、己土，會有其他的作用。

日主『庚辰』：庚辰為水師將軍，命局中必須有酉刃，或再有庚金多的命局，才能有果毅的個性指揮兵將。倘若有戊寅來生扶日主，也能辛苦經營事業，否則就成為膽小怯懦，一事無成之人。庚辰既是水師將軍，就不宜在陸地行走。因此行水運吉。木火運、土運皆不吉。支上有戌未與辰相刑沖的更不吉。

日主『庚午』：庚午是已煉好成物品之金。因剛煉好，故急須要水來淬礪剛硬。因此命局四柱中干支要有水才好。若命局中又有木火重逢，火太旺，過於激烈，一定會夭折而亡的。

日主『庚申』：庚申為已做成的戟劍之物。害怕再有火多，又燒壞了。如果命局中有子辰會水局，或是有辛金、壬癸，則劍氣發亮，命格主貴。

日主『庚戌』：庚戌為陸路將軍。命局中最好有陽刃來相助。不喜命局中有申子辰會水局或壬癸水多，也不能走北方水運。否則身心俱疲，無法施展。更忌諱支上有辰，辰戌會相沖。會受到外來的侵犯。

出生日為辛金的人

日主為辛金

日主『辛丑』：辛丑為胎息之金。須要印綬（己土）相扶，又要食傷（壬癸水）使之揚眉吐氣。太陽（丙火）、沙水（土和水）是辛丑最佳的拍檔。春天、冬天辛丑喜有火來溫暖。夏季、秋季辛丑喜有清水使其吐秀主貴。

※書云：『辛金珠玉性虛靈。最喜陽和沙水清。成就不勞炎火煅。資扶偏愛溼泥生。』凡辛金選取喜用神，皆同此理。

日主『辛卯』：辛卯為具有精華之古木。其性質較暖、較薄。必須有戊子、戊戌以及有支柱丙戌來相扶生助，才能挺立生存。倘若沒有印綬幫助生扶，而有食傷（壬與水）洩氣，就會成為無用之物了。

日主『辛巳』：辛巳為石中的璞玉。具有水能使其清澈發出光芒，即所謂之『雨後吐彩』。命局中要以干上有壬癸水透出為最上格。支中藏水為次等貴格。即使干上有丙辛相合化水，也是最好的。有丙辛從化，再見壬癸水出干更好。支上逢沖也為吉。

日主『辛未』：辛未為混在土中的金。金從土中而生。故要用戊己土來生扶辛未。次以壬癸水來清洗，使之揚眉吐氣。但是以戊土生金較佳。次以壬水洗金吐氣為好。辛未忌甲乙木來剋土，則會使金埋沒。因此此種命局日主的人，要看福壽，是以土為主要觀測之法，看前途顯貴，則以水為重要。二者不可受損傷。

日主『辛酉』：辛酉為珍貴的珠玉。辛祿在酉，故為朝廷中的重寶，是非常名貴珍惜的物品。此種命格的人，只需有水出干，並且要沒有木、沒有火，且無庚沖刑害，就會成為至尊至貴的命格。

日主『辛亥』：辛亥為藏在水底的珠玉寶物。最喜歡有寅來相合，寅亥相合，稱為『撈金用篩』。可使金顯露光芒。倘若有土填水，或又多水的命局，則會形成淤泥而有刑剋，終究是沈淪苦海而又為無用之人了。

出生日為壬水的人

日主為壬水

日主『壬子』：壬子為氣勢滂沱的大水。須要有以煞制刃，用清流砥柱來力挽狂瀾。再加上印綬（庚辛金）食傷（甲乙木）與官煞（戊己土）互相來制伏它，有了這樣的條件，富貴前程是不可限量的。

日主『壬寅』：壬寅是雨露滴進沙土之中。只看見滴入，卻不見流出。因此日主壬寅的人，多半主富。倘若命局中庚辛壬癸都有，北方運會發達，發福不少。命局中有木透干的人，多半是以武貴發達的。最害怕命局中成火局，或是火土太炎燥，亦或是水太多，金太頑寒，此種就是愚蠢頑劣之人了。

日主『壬辰』：壬辰為『壬騎龍背』。辰屬龍。在命局中支上要有亥子。

則龍可潛入深淵。更要天干有甲庚坐於寅卯之上。龍才會活潑的升騰，有風雲際會的人生。最怕命局支上有『戌』，這是無情的爭戰刑剋，從來都很靈驗。

日主『壬午』：壬午是『祿馬同鄉』、『水火既濟』。日主壬午的命局，只要觀看日主前後的干支，以論定要補水或補火，便命局調配均勻，就是富貴的上品格局。倘若調配不均勻，就是貧賤的下等格局。

日主『壬申』：壬申為『水滿渠成，生生不息』。申為壬長生之地，故生生不息，壬申生在秋天是最佳的時候，或干上有庚來相助，富貴極品。壬申生於春夏，際遇就要打折扣了。必須觀察日主的前後左右。整個命盤中，倘若有刃的，則用煞做用神。無刃不必用煞。最怕有甲木與戊土來相剋過狠。阻斷了水流。

日主『壬戌』：壬戌為『驟雨易晴』。是下一陣急促猛烈的雨之後又突然放晴了。這是比喻日主壬戌的人生形態。每當人的日主剛好是壬戌時，總是有好機會又錯過。只要日主前後有金水相助，又會在看起來沒有好機會時，又逢有奇遇。

出生日為癸水的人

日主為癸水

日主『癸丑』：癸丑是溝渠中含有泥漿的水。氣息鬱悶。一定要用干支乙卯去疏通氣，才能有益處。用甲寅也可乘風破浪而順遂。最喜歡有丑未相沖。怕見子丑相合化土。有戊土透出干的也不好。戊癸若合而不化的命格，是智慧昏愚，以利為重的人。

日主『癸卯』：癸卯是山林中的澗水清泉。日土是癸卯的人，多半是清高，心地慈祥，胸懷瀟灑磊落，不似流俗的人。這種命格，只怕在年月或時上有土來混雜。

日主『癸巳』：癸巳為流過高阜小山的河流之水。源流清澈，就是財官雙美的人。這種命格，喜歡山林茂盛（甲乙木多），雲雨得宜（癸水多）。害怕支柱中有亥未與巳相沖。也怕戊土被剋制，堤岸損害而水枯。倘若是水多，再有多個亥未相沖的命格，反而是最好的。

日主『癸未』：癸未是彎曲河流中流過之水。癸坐未庫，流有彎曲。日主是癸未的人，有才智，多權謀。最好是有金木透出在干上，並有卯亥在支上形成會木局，這樣才會發達貴顯。倘若命局中是火土多的命局，是遇而不遇的命格，一生總會失去好機會。

日主『癸酉』：癸酉是從石中流出的泉水。其水源清澈，且可遠源流長。有日主是癸酉命格的人，多半是出生於皇親國戚或是高官厚祿的人家。一生也必然是做清貴文人。倘若命局中年月，時上有木和金做干支的人，是以武貴貴顯的人。若命格中有庚無木，或有木無庚，成就都會打折減半。若命局中無木無金，是無用之人，必愧祖先。

日主『癸亥』：癸亥是一種稱為『還元之水』的水。它源自崑崙（意指西北方）流出，水氣通於乾亥。聲勢浩大，水天一色。若命局中再加上乙木，就像有清風徐來，自然品德高貴，就像羲皇以上的神仙之人了。但是就怕命局年月、時支上有巳亥相刑沖。也怕有壬申相雜，會有不平靜的人生了。

第五章　用神選用法

第一節　用月令及四時體性來選用神

喜用神是八字的精髓。喜用神是人生命的藥！一方面可以補足你八字中五行不足的元素。一方面可帶給你最有利的生存環境和磁場。因此每個人都要知道自己的喜用神是什麼！而看八字的目的，尋找喜用神也是最重要的一環。

用月令來推測尋找喜用神的方法就是：先查看日干為何，再查看月令為何，再分辨其體性，由月令（月支）中可分出格局，再以格局定出用神。

例如：日元（日干）是甲木的人，生於正月（寅月），其體性為春木，其格局為建祿格。因甲木在寅中得祿。

例如：日元是乙木的人，生於正月（寅月），其體性也為春木，但寅中所有的是甲祿，不是乙祿，故不成格局。若日主乙木的人，生於卯月，則乙祿在卯，其格局也為建祿格局。而日主甲木的人，生於卯月（二月），則為陽刃格，因卯中含乙祿，甲對於乙來說，是旺逾其度，故為陽刃格了。

從後面的表格中，你也可查出命主格局出來，再用下一節所談之『格局選用神法』來選用神即可。亦可用月令之人元含用選擇其一找適合的來做用神。

日主月令四時體性格局檢查表

日主甲、乙木之體用格局												
月令	正月	二月	三月	四月	五月	六月	七月	八月	九月	十月	十一月	十二月
日元	甲木 乙木	甲木 乙木	甲木 乙木	甲木 乙木	甲木 乙木	甲木 乙木	甲木 乙木	甲木 乙木	甲木 乙木	甲木 乙木	甲木 乙木	甲木 乙木
體	春木	春木	春木	夏木	夏木	夏木	秋木	秋木	秋木	冬木	冬木	冬木
格局	建祿	陽刃 建祿	偏才 正財	食神 傷官	傷官 食神	正財 偏才	偏官 正官	正官 偏官	偏才 正財	偏印 正印	正印 偏印	正財 偏才

日主丙、丁火之體用格局												
月令	正月	二月	三月	四月	五月	六月	七月	八月	九月	十月	十一月	十二月
日元	丙火 丁火	丙火 丁火	丙火 丁火	丙火 丁火	丙火 丁火	丙火 丁火	丙火 丁火	丙火 丁火	丙火 丁火	丙火 丁火	丙火 丁火	丙火 丁火
體	春火	春火	春火	夏火	夏火	夏火	秋火	秋火	秋火	冬火	冬火	冬火
格局	偏印 正印	正印 偏印	食神 傷官	建祿	陽刃 建祿	傷官 食神	偏才 正財	正財 偏才	食神 傷官	偏官 正官	正官 偏官	食神 傷官

日主戊、己土之體用格局			
月令	日元	體	格局
正月	戊土 己土	春土	偏官 正官
二月	戊土 己土	春土	正官 偏官
三月	戊土 己土	春土	
四月	戊土 己土	夏土	建祿
五月	戊土 己土	夏土	陽刃 建祿
六月	戊土 己土	夏土	
七月	戊土 己土	秋土	食神 傷官
八月	戊土 己土	秋土	傷官 食神
九月	戊土 己土	秋土	
十月	戊土 己土	冬土	偏才 正財
十一月	戊土 己土	冬土	正財 偏才
十二月	戊土 己土	冬土	

◎上表中，三月、六月、九月、十二月為四季月，土旺秉令，不專屬於任何一個格局。尤其三月辰宮土旺秉令，但春土氣虛，不作旺論。一定要支上有辰、戌、丑、未四庫俱全，才會旺論，或是有比劫透干（有另一個戊己土在干上）才可做旺論。

日主庚、辛金之體用格局

月令	日元	體	格
正月	庚金、辛金	春金	偏才、正財
二月	庚金、辛金	春金	正財、偏才
三月	庚金、辛金	春金	偏印、正印
四月	庚金、辛金	夏金	偏官、正官
五月	庚金、辛金	夏金	正官、偏官
六月	庚金、辛金	夏金	正官、偏官
七月	庚金、辛金	秋金	建祿
八月	庚金、辛金	秋金	陽刃、建祿
九月	庚金、辛金	秋金	偏印、正印
十月	庚金、辛金	冬金	食神、傷官
十一月	庚金、辛金	冬金	傷官、食神
十二月	庚金、辛金	冬金	正印、偏印

日主壬、癸水火之體用格局

月令	日元	體	格
正月	壬水、癸水	春水	食神、傷官
二月	壬水、癸水	春水	傷官、食神
三月	壬水、癸水	春水	偏官、正官
四月	壬水、癸水	夏水	偏才、正財
五月	壬水、癸水	夏水	正財、偏財
六月	壬水、癸水	夏水	正官、偏官
七月	壬水、癸水	秋水	偏印、正印
八月	壬水、癸水	秋水	正印、偏印
九月	壬水、癸水	秋水	偏官、正官
十月	壬水、癸水	冬水	建祿
十一月	壬水、癸水	冬水	陽刃、建祿
十二月	壬水、癸水	冬水	正官、偏官

◎要選喜用神，月份仍以『節』為主。春分（卯正）、夏至（午正）、秋分（酉正）、冬至（子正）。在『節』以前，仍以上個月的氣與月令之神來司『節』以後，才是以本月的氣和月令之神來司令。必須分清楚。

◎春季以木氣為主。夏季以火氣為主。秋季以金氣為主。冬季以水為主。四季月以土氣為主。

先以正格來看

我們亦可以日干和月支做成更簡單的格局表，亦可以此對照八字中之干神找出喜用。

簡易正格格局類類表

日干＼月支＼格局	月刃	建祿	正官	七殺	正印	偏印	正財	偏才	傷官	食神
甲日	卯	寅	酉	申	子	亥	丑未	辰戌	午	巳
乙日	○	卯	申	酉	亥	子	辰戌	丑未	巳	午
丙日	午	巳	子	亥	卯	寅	酉	申	丑未	辰戌
丁日	○	午	亥	未	寅	卯	申	酉	辰戌	丑未
戊日	○	巳	卯	寅	午	巳	子	亥	酉	申
己日	○	午	寅	卯	巳	午	亥	子	申	酉
庚日	酉	申	午	巳	丑未	辰戌	卯	寅	子	亥
辛日	○	酉	巳	午	辰戌	丑未	寅	卯	亥	子
壬日	子	亥	丑未	辰戌	酉	申	午	巳	卯	寅
癸日	○	子	辰戌	丑未	申	酉	巳	午	寅	卯

第二節　用格局來選用神

通常我們將八字排出，就會以日干和月支來訂格局。一般正常的格局有十種。有八種稱為正格。即為：正官格、偏印格、正財格、偏財格、食神格、傷官格等八種。另有月刃格、建祿格為偏格。月刃格是月支帶刃，月支必須是子、午、卯、酉，月支是日干之陽刃。而日干是甲、丙、庚、壬。因甲刃在卯，丙刃在午、庚刃在酉、壬刃在子。有這種關係才能為月刃格。

而比肩和劫財不取為格局。其他如命局過偏、過旺或過弱、過專，可取為變格。如『炎上格』、『潤下格』等。除此之外大都以正格來論命。因此正格是包含大多數人命格的格局。

先觀日主強弱，再從格局中選取用神

要選取用神，有許多條件和步驟。**第一**、要看日主（日干）在出生月份（月支）中是當令或不當令的，當令的。就是日主居旺，不當令的為日主弱。如甲木生在寅月是當旺的，是日主旺，身強。如果生在午月，火燥木枯則為日主弱，身弱了。**第二**、要看有無和日主同類的天干在四柱干上，或是有無相生相扶助日主的天干，或是支聚有助的形局（例如寅午戌會火局，卯亥未會木局等等……），此即能構成日主的強勢，形成『身強』，如果日主的生月不得令，又有相剋害、刑沖的天支和地支，則為『身弱』、『日主弱』了。日主和格局，有如一個人之身體部份。而用神為人之靈魂。用神能救人命的衰弱與格局的破敗，而幫助格局成功，使人能得到富貴。當日主旺為身強時，用神會補足格局中的不足。日主太弱時，能救助格局，使其格局成功。用神能平衡人命局中的五行，也是人命局中最重要的關鍵元素。

八格中用神之取法

正官格取用神法

在日干與月令形成『正官格』時，倘若日干強，四柱印多，以『財』為用神。

在日干與月令形成『正官格』時，倘若日干強，四柱上食傷多，則最好以『財』為神。

在日干與月令形成『正官格』時，倘若日干較弱，而四柱上財星較重（較多），則以『比劫』為用神。若無比劫就用『印』做用神。

在日干與月令形成『正官格』時，倘若日干弱，四柱上食傷較多，則以『印』做為為用神。

在日干與月令形成『正官格』時，倘若日干弱，四柱上官殺多而重，則以『印』做為用神。

在日干與月令形成『正官格』時倘若日干弱，四柱上比劫較多，則以『官煞』為用神。

舉例說明：

	丙戌
	丁酉
日主	甲寅
	丁卯

此為正官格。日主甲寅生於酉月，此命造有一丙、雙丁高透干上，『酉』中之辛金為官星，被火煅制太過。因此一生無法有大成就。行金水運(西北運)。在申、子、辰年可有好運，官祿稍好一點，走火土運(火年、土年)即敗。以壬水做用神。此為正官格，日干弱，四柱食傷多，以『印星』壬水為用神。

正、偏財格選取用神法

①在日干與月令形成『正、偏財格』時，倘若日干強、日主旺，若四柱中比劫多，重重出現在干上，用『食傷』為用神最好。用『官殺』做用神也可以。

②在日干與月令形成『正、偏財格』時，倘若日干強，日主旺，若四柱中多官重，則用『比劫或印星』為用神最好。

③在日干與月令形成『正、偏財格』時，倘若日主弱，四柱食傷較多，

則以『印』為用神。

④在日干與月令形成『正、偏財格』的，倘若日主強，四柱印多則要以『財』為用神。

舉例說明：

正財格

壬寅
壬子
日主 戊申
甲子

日主戊土生於子月，為正財格。又有雙壬出干，支上子申會水局，亦為『從財格』。能依附他人而得富貴。有甲木出干制劫，財通門戶，為鉅富之人。以子中癸水財星做用神。

偏財格

乙亥
乙酉
日主 丁卯
丙午

日主丁卯生於酉月，干上有雙乙一丙，支上卯亥會木局，丁火生旺。日主丁火得祿在午，日祿歸時，主富貴。用亥中甲木為用神。用印星做用神。

正、偏印格選取用神法

在日干與月令形成『正、偏印格』的，倘若日主強，四柱印多則要以『財』為用神。

在日干與日令形成『正、偏印格』時，倘若日干強，四柱財多，則以『官殺』為用神。

在日干與月令形成『正、偏印格』時，倘若日主強，四柱比劫重重，在命局中有官殺，則以『官殺』為用神。若沒有官殺，則以『食傷』做用神。

在日干與月令形成『正、偏印格』時，倘若日主弱，而四柱出現的官殺多，最好以『印星』為用神。

在日干與月令形成『正、偏印格』時，倘若日主弱，而四柱食傷多，最好以『印星』為用神。

在日干與月令形成『正、偏印格』時，倘若日主弱，四柱財多，則以『比劫』為用神。

舉例說明：

正印格

	甲辰
	壬申
日主	癸卯
	庚申

日主癸卯生於申月，母旺子相，為正印格。有庚壬出干，支上辰申會水局，卯中自有丁火，有甲木引丁制庚，七月生癸水，以偏財破印為正用。用丁破印為用神。喜用神為丁火。（胎元甲午，午中亦有丁火）

偏印格

	戊戌
	辛酉
日主	癸巳
	乙卯

日主癸巳生於酉月，正是金白水清之時，為偏印格。有辛金、戊土出干，支上巳酉會金局，為印多之局，專用巳中丙火財星為用神。

食神格選取用神法

在日干與月令形成『食神格』時，倘若日干強，四柱財多，則以『七殺』為用神。

在日干與月令形成『食神格』時，倘若日干強，四柱多比劫，則以『食傷』為用神。

在日干與月令形成『食神格』時，倘若日主強，四柱印多，則以『財』為用神。

在日干與月令形成『食神格』時，倘若日主弱，而四柱出現的官殺多，最好以『印』為用神。

在日干與月令形成『食神格』時，倘若日主弱，而四柱財多，最好以『比劫』為用神。

在日干與月令形成『食神格』時，倘若日主弱，四柱食傷太多，則以『印』為用神。

舉例說明：

己亥
丁丑
日主 丙辰
壬辰

日主丙火生於丑月，為食神格。丑宮己土當旺，有壬水出干，甲木藏亥支，冬日嚴寒將盡有陽氣進。用亥中甲木印星做用神。因甲木藏支的關係，貴運不足。

傷官格選取用神法

在日干與月令形成『傷官格』時，倘若日主強，四柱印多，則以『財』為用神。

在日干與月令形成『傷官格』時，倘若日主強，四柱比劫多，則以『七殺』為用神。

在日干與月令形成『傷官格』時，倘若日主弱，四柱財多，則以『比劫』為用神。

在日干與月令形成『傷官格』時，倘若日主弱，四柱官殺多，則以

『印』為用神。

在日干與月令形成『傷官格』時，倘若日主弱，四柱食傷多，則以『印』為用神。

舉例說明：

庚申
辛巳
日主 乙未
戊寅

日主乙未生於巳月，火旺木枯，為傷官格。有庚辛金官星出干，官重，支上寅申相沖，巳申相刑，巳未相刑，寅巳相刑，用胎元癸酉中癸水做用神。用印星做用神。

七殺格選取用神法

在日干與月令形成『偏官格』（七殺格）時，倘若日主強，四柱印多，則以『財』為用神。

在日干與月令形成『偏官格』（七殺格）時，倘若日主強，四柱上比劫多，則以『官煞』為用神。

在日干與月令形成『偏官格』（七殺格）時，倘若日主強，四柱官殺重重，則取『食傷』為用神。

在日干與月令形成『偏官格』（七殺格）時，倘若日主弱，而四柱財多，則以『比劫』為用神。

在日干與月令形成『偏官格』（七殺格）時，倘若日主弱，四柱上食傷多，則以『印』為用神。

在日干與月令形成『偏官格』（七殺格）時，倘若日主弱，四柱上官殺多，則以『印』為用神。

舉例說明：

	庚戌
	戊子
日主	丁亥
	甲辰

日主丁火生於子月，為七殺格或偏官格。子月有癸水司令，丁火衰絕，支上子辰會水局，官星當旺，有戊土出干剋制。再用庚金劈甲引丁，用甲木印星做用神。

命格強弱與格局選取用神，喜忌神對照表

格局	日主	十神多	用神	喜神	忌神
正官格	強	比劫、印星多	官殺星	財星、官殺星	比劫及印星
正官格	強	印星多	財星	食傷、財星	比劫及印星
正官格	強	食傷多	財星	財星、官殺星	比劫星
正官格	弱	財星多	比劫、印星	比劫、印星	財星、官殺星
正官格	弱	食傷多	印星	官殺、印星	食傷、財星
正官格	弱	官殺多	印星	比劫、印星	財星、官殺星
正偏財格	強	比劫多	食傷、官殺星	食傷、官殺星	比劫、印星
正偏財格	強	印星多	財星	食傷、財星	比劫、印星
正偏財格	弱	食傷多	印星	比劫、印星	食傷、財星
正偏財格	弱	財星多	比劫星	比劫星	食傷、財星
正偏財格	弱	官殺多	印星	比劫、印星	財星、官殺星
正偏印格	強	比劫多	食傷、官殺星	食傷、官殺星	比劫、印星
正偏印格	強	印星多	財星	食傷、官殺星	比劫、印星
正偏印格	強	財星多	食傷、財星	食傷、財星	比劫、印星
正偏印格	弱	官殺多	印星	比劫、印星	財星、官殺星
正偏印格	弱	食傷多	印星	比劫、印星	食傷、財星

格局	日主	十神多	用神	喜神	忌神
正偏印格	弱	財星多	比劫星	比劫、印星	食傷、財星
食神格	強	印星多	財星多	食傷、財星	比劫、印星
食神格	強	比劫多	食傷	食傷、財星	比劫、印星
食神格	強	財星多	官殺	財、官、殺星	比劫、印星
食神格	弱	官殺多	印星	比劫、印星	財星、官殺星
食神格	弱	財星多	比劫星	比劫、印星	食傷、財星
食神格	弱	食傷多	印星	比劫、印星	食傷、財星
傷官格	強	比劫多	官殺星	財星、官殺星	比劫、印星
傷官格	強	印星多	財星	食傷、財星	比劫、印星
傷官格	弱	財星多	比劫星	比劫、印星	財星、官殺星
傷官格	弱	官殺多	印星	比劫、印星	財星、官殺星
傷官格	弱	食傷多	印星	官殺星	食傷、財星
七殺格	強	比劫多	官殺星	財星、官殺星	比劫、印星
七殺格	強	印星多	財星	食傷、財星	官殺、比劫、印星
七殺格	強	官殺多	食傷	食傷	官殺、印星
七殺格	弱	財星多	比劫	比劫、印星	食傷、財星
七殺格	弱	食傷多	印星	比劫、印星	食傷、財星

格局	日主	十神多	用神	喜神	忌神
七殺格	弱	官殺多	印星	比劫、印星	財星、官殺
祿刃格	強	比劫多	官殺星	財星、官殺	比劫、印星
祿刃格	強	印星多	財星	食傷、官殺	比劫、印星
祿刃格	強	食傷多	財星	食傷、財星	比劫、印星
祿刃格	強	財星多	官殺	財星、官殺	比劫、印星
祿刃格	強	官殺多	財星	食傷、財星	比劫、印星
祿刃格	弱	財星多	比劫星	比劫、印星	財星、官殺
祿刃格	弱	官殺多	印星	比劫、印星	財星、官殺
祿刃格	弱	食傷多	印星	比劫、印星	食傷、財星

※祿刃格即建祿格及月刃格。

變格用神取法

變格又稱『外格』、『雜格』，種類繁多。通常我們會在正格的八格中來選取用神，探求干支的五行及生剋，但這些能解決百分之八十的命格格局。仍有百分之二十的命理格局，會在干支上有特異之處，自成特殊的形象。亦會因古代算命者因算某一人特殊的命格而特設一種格局。因此，變格有五花八門之現象。現將大家通俗在用的變格附錄於後。

變格種類

《曲直仁壽格》

『曲直仁壽格』的形成，是日主為甲木、乙木，生於春月，地支形成亥卯未會木局，或是寅卯辰支類東方俱全，四柱中沒有庚辛、申酉等字的命理格局，稱之為『曲直仁壽格』。

『曲直仁壽格』，其秀氣完全聚集在日主天干之『木』上，即是以『木』為用神。害怕有金來相剋，喜水木相生相助，有火使木火通明，逢土為木之財。四柱需有食傷，沒有分爭為吉。遇火運，稱之『英華秀發』必須命局中有財無印，才無反剋之現象。遇金運為『破局』，凶多吉少。

《炎上格》

『炎上格』的形成，是日主為丙火、丁火，生於夏月，地支成寅午戌會火局，或是地支全巳午未南方，而四柱中沒有壬癸、亥子等字的命理格局，稱之為『炎上格』。『炎上格』之秀氣完全聚集在日主天干之『火』上，就是以『火』為用神。害怕有『水』來剋滅。喜木火相助生旺，見土亦吉，因火會生土。火逢金為財，必須有土（食神、傷官）才可。否則必有剋制不吉。『炎上格』逢水局為破局，凶多吉少。行東南木火運大吉。

《稼穡格》

『稼穡格』的形成，日主為戊土、己土，生於三月、六月、九月、十二月（合稱四季月），地支上有辰戌丑未四字俱全，或者是四柱純都是土，而四柱中沒有甲乙、寅卯等字的命理格局，稱之為『稼穡格』。

『稼穡格』之秀氣，完全萃集在日干之『土』上，因此以『土』為用神。害怕有木來剋制。喜歡火土相助相生。見金為吐秀，因金生土。逢水為財，但必須有『金』在才行。『稼穡格』也忌木運，喜火土運程主吉。

《從革格》

『從革格』之形成，是日主為庚金、辛金，生於秋季之月，地支上有申、酉、戌支類西方俱全，或者是有巳酉丑會成金局。而四柱完全沒有丙丁、午未等字的命理格局，稱之為『從革格』。

『從革格』之秀氣完完萃聚在日干之『金』上，因此以『金』為用神。害怕有火來剋制。喜歡土金相生相扶。見水為吐秀亦吉。金逢木為財，必須有水配合才成。『從革格』喜歡金水運，凡此命人須行金水運大發。行木火運大凶。

《潤下格》

『潤下格』之形成，是日主為壬水、癸水，生於冬月水旺之時。地支上有亥子丑支類北方俱全，或是地支上有申子辰會成水局。在四柱上沒有戊己、未戌等字的命理格局，稱之為『潤下格』。

『潤下格』其秀氣完全聚集在日主天干上之『水』，因此以『水』做用神。害怕有土木相剋。喜歡有金水來相生相扶。見木為吐秀亦吉。逢火為財。但須有木配合才行。『潤下格』喜歡金水運，凡此命人須行金水運大吉。行火運受剋大凶。

凡是格成『曲直仁壽格』、『炎上格』、『稼穡格』、『從革格』、『潤下格』此五格的人，都是命從一方之秀氣。必須要得時當令，遇旺而逢生。因日干過於強盛，必須用引通的方式較好。命局的整體氣勢也必須觀察清楚，凡是見財星的，四柱必須有食傷，並且考慮制化分爭。有食傷相助的，又必須要看全局中必須有財無印，以免會有反剋的現象而生災。合於吉象的命局之人，名利可遂心。

此五個格局皆稱『獨象』。為『權在一人』之意。亦稱『一行得氣』。化神是指食傷。若格局中化神昌旺。歲運（年運）運行化神（食傷）之地，名利大有。凡是八字中五行都具備的人，固然稱做合宜。但是『獨象乘權』，一定就是一生光耀亨昌的表現了。

《從格》

從格的形式是有的因為日主衰弱，孤立無氣，四柱又沒有可生扶的干支，若是命局中滿是官星，就稱之『從官格』。亦稱『從殺格』。若命局中多是財星，就稱其為『從財格』。

從格亦有『從旺格』、『從強格』及『從勢格』、『從兒格』都是從其旺神而形成的格局。

《從財格》

『從財格』的形成，是由日主衰弱，又生於財月。（月支為日主之財），本來應該算是正、偏財格。但是地支屬財地，或形成財局。天干又有生財、輔財的字。而日干卻沒有一點生旺之氣。因此不能剋制財（任財），只有『從財』了。

『從財格』之秀氣，完全萃集於所從之財星之上。因此以『財星』為用神。要食神、傷官及財星的生扶，不能有比劫來奪財，也不可有印星來助日主。逢官星則不怕有傷。

《從殺格》

『從殺格』之形成，是因日主衰弱，煞旺而多，四柱上沒有印來滋助日主，日主無法制伏煞（任殺），只好從煞，故稱之為『從殺格』。

『從殺格』之勢力完全聚在殺星（官星）之上，因此以殺星為用神。這是與八格用殺不同之處。『從殺格』必須要財生殺旺，財與煞相互滋生幫扶，不可有印來洩殺及生助日主。若有比劫來抵抗官煞也不好。

若日主衰弱，四柱中官旺而且多，沒有印來相助日主，日主無法制官，亦可做為『從官格』來論。其用神和喜神是與從殺格是一樣的。

※任殺即剋制殺星。任官即剋制官星。『任』有支配、剋制之意。

《從旺格》

『從旺格』之形成，是命格四柱中都是比劫（同類），是日主極旺之至，命局中沒有任何官殺剋制。因從其旺神，是為『從旺格』。

『從旺格』當然就是以『比劫』為用神了。此命局的人，喜歡印綬、比劫來生助日主。若有官殺來剋，稱之『犯旺』。凶災立刻會顯現。若遇財星和群劫相爭，一生起伏大，九死一生。倘若命中印綬較少，不旺，則有食傷亦可。

《從強格》

『從強格』之形成，是因命局中日主得令，但四柱印綬多，比劫也多，卻毫無官殺、財星之氣，此現象稱為『二人同心』。只宜順其勢，不可逆其勢，稱為『從強格』。

『從強格』，都是以強神做為用神。並且可以印綬與比劫並用。若有比劫、印綬，則順其強神，主大吉。食傷因會與印綬沖剋，所以不能用，也不吉。若有財星、官殺出現，稱之『觸及強神』有大凶。

《從兒格》

『從兒格』之形成，是由於日主衰弱，又無印綬來生助日主，而食傷當旺，或在干上上結黨（有多個食傷在天干），地支又有食傷的會局。日主實在無法忍受食傷盜洩其氣，只有從食傷之氣。食傷為日主所生，故稱『從兒格』。

『從兒格』即以食傷為秀氣，並以『食傷』做用神。此命局喜歡比劫和財星。比劫會生助食傷。日主會生食傷，食傷再生財星，稱做『兒又生兒』以輾轉生育來比喻之。因此秀氣暢行無阻。但是此格局遇官殺則不利。官殺會剋日主，官殺與食傷亦相剋，因此有官殺不吉。並也不喜有印綬。因為印綬會剋制食傷之故。行運亦是如此。倘若命局中有同類的食傷來相助日主，當然是更好了。

《化氣格》

能形成『化氣格』最重要的月、日、時

日主為甲木生於己月。日主為甲木生於己時。日主為己土生於甲月。日主為己土生於甲時。以上這四種狀況，甲乙兩干為相臨，又生於月支為戌、丑、未月，四柱不見木，甲己會化合為土，**稱為『化土格』**。

日主為乙木生於庚月。日主為乙木生於庚時。日主為庚金，生於乙月。日主為庚金生乙時。這四種狀況，乙庚在干上相臨，又生於月支為己、酉、丑月。四柱不見火，乙庚會化合為金，**稱為『化金格』**。

日主為丙火生於辛月。日主為丙火生於辛時。日主為辛金生於丙月。日主為辛金生於丙時。這四種狀況，丙辛在天干相臨，又生於月支為申、子、辰月，四柱不見土，丙辛會化合為水**稱為『化水格』**。

日主為丁火生於壬月。日主為丁火生於壬時。日主為壬水生於丁月。日主為壬水生於丁時，此四種狀況，丁壬在天干上相臨，又生於月支為亥卯未寅月，四柱不見金，丁壬會化合為木，**稱為『化木格』**。

日主為戊土，生於癸月，日主為戊土生於癸時。日主為癸水生於戊月。日主為癸水生於戊時。此四種狀況，戊癸在天干上相臨，而又生在月支為寅、午、戌月，四柱不見水，戊癸相合化火。**故稱為『化火格』**。

第三節　用季節五行來選用神

如何用季節需要來選用神

在八字格局中，季節對人命格的影響非常深，尤其月令、月支代表人出生時的環境，以及人後來成長生活的環境。環境的好壞攸關人命運的順利與坎坷。所以在人命中，季節月令是影響人最鉅的了。很多人選用神是要補足環境中的不足與惡質。所以選用神要看月令的變化來選。例如生於夏日，火炎土燥，命格乾枯，需水來救助。生於冬月，氣候嚴寒，命格寒涼濕冷，需火來解凍暖命，調節氣候。這些都是用氣節上所造成對命格的刑剋，而加以救助輔正而選用神來補救的。

舉例說明：

己丑
己亥
乙巳 日主
壬午

日主乙巳生於亥月，木氣長生，丙火為絕地。有壬水出干，支上巳丑會金局而能生水，四柱水旺寒濕，用丙戊做用神。戊能制水，丙火以調候。

舉例說明：

乙酉
丙戌
庚午 日主
甲申

日主庚午生於戌月。九月戊土司令，火土太旺，又有甲乙木及丙火出干，支上午戌會火局，木火太旺，幸庚金在申中得祿，用壬水做用神來救助命格。

如何用五行體性來選用神

在命理格局中，直接用五行體性來選取用神的，大都為從格及化格以及一些變格格局的八字格局為主。例如曲直仁壽格或化木格，在八字四柱上，多半以『木』為主的干支，一片秀氣，用神也很容易一眼看出是用五行屬木來做用神。例如炎上格，干上是火，支上會火局。『炎上格』之秀氣也完全聚集在日主天干之『火』上，也必然以『火』為用神。從格大多從其旺神的五行來做用神的。因此也能一目了然的來選取用神了。

舉例說明：

丙戌
甲午
日主 丙寅
乙未

日主丙火生於午月，有甲、乙、丙在干上，支上寅午戌會火局，四柱無水，日干丙火又得甲乙之助，木從火勢，為『炎上格』，以丙火為用神。

第四節　如何用虛神及胎元來做用神

如何用虛神及胎元來做用神

在八字命格中，有時在八字四柱上選不到用神，這主要是八字太偏於某種五行，而急需用藥來治癒命格的缺失。在八字四柱上，若找不到急須用的藥來做用神的話，我們會先檢查其胎元含用是否有此五行之藥。如果有，則用胎元來做用神。如果胎元也無此種必要的，能解救命格的用神，我們就會直接以虛神稱之這種命格必須用的五行，直接以此虛神做用神了。

舉例說明（以胎元做用神）：

丁巳
庚戌
日主 辛酉
戊戌

辛金生於戌月，戊土司令，火土重，有庚金出干，支上巳酉會金局，辛金轉強。有丁戊在透干，此格局應以壬、甲為主要之用神。但四柱無壬、甲，以胎元壬寅中之壬水為用神。

舉例說明（以虛神做用神）：

己酉
丙寅
日主 壬戌
乙巳

日主壬水生於寅月，有丙火出干，支上寅戌會火局，巳酉會金局來生壬，是『水火既濟』。但水火不逢時，用庚金做用神，來生壬水助旺日主。時支巳中之庚金虛浮無法生水，不可用，胎元又為戊午，無庚金，故用虛神庚金為用神。

如何掌握旺運過一生

第六章　變格的種類

『兩神成象格』的種類

1.《水木清奇格》：

此亦為《水木相生格》。即是在八字命局中水和木各佔四柱中的兩干兩支所形成的。

2.《木火交輝格》：

此亦稱為《青赤父子格》或稱《木火相生格》。即是在八字命局中，木與火各占四柱中的兩干兩支所形成的。

3.《火土夾雜格》：

此亦稱《火土相生格》。即是在八字命局中，火與土各佔八字四柱中的兩干兩支所形成的。

4.《土金相生格》：

即是在八字命局中，土與金各佔四柱中的兩干兩支所形成的。

5.《金白水清格》：

亦稱《金水相生格》，在八字命局中，金與水各佔四柱中的兩干兩支所形成的。

6.《土木相成格》：

即是在八字命局中，木與土各佔四柱中的兩干兩支。

7.《土局潤下格》：

又稱《土水相成格》。即是在八字命局中，土與水各占四柱中的兩干兩支所形成的。

8.《既濟未濟格》：

又稱《水火相成格》。即是在八字命局中，水與火各佔四柱中的兩干兩支所形成的。

9.《火金鑄印格》：

又稱《火金相成格》。即是在八字命局中，火與金各佔四柱中的兩干兩支所形成的。

10.《金木相成格》：

即是在八字命局中，金與木各佔四柱中的兩干兩支所形成的。

11.《聯珠夾貴格》

在八字命局四柱中，支上有申戌，而夾酉，或亥、丑夾子為聯珠夾貴。

12.《棄命從財格》

『棄命從財格』是指若木為日主，土多，土為財，四柱無水（印綬），又無比劫（甲乙木）出干之命局。或是日主為火，四柱有庚金財多，不見比劫（丙丁火）及印綬（甲乙木）出干的命局，稱之為『棄命從財』。若土、金、水之命局亦然。

13.《六甲趨乾格》

『六甲趨乾格』即是因亥宮為乾宮。六甲之日所生之人又生於亥月、亥時，即稱『六甲趨乾格』。

14.《六乙鼠貴格》

『六乙鼠貴格』即指日主乙木之人，生於子月、子時者，子宮有官貴。故稱『六乙鼠貴格』。

15.《燈花拂劍格》

『燈花拂劍格』即指甲木生於冬天亥月、子月，申、酉時，稱之『燈花拂劍格』。

16.《藤蘿繫甲格》

『藤蘿繫甲格』即指日主乙木生於冬月，在命局柱中天干上有甲，或地支中有寅，稱為『藤蘿繫甲格』。即把乙做甲木看，有如蔦蘿倚附松柏之木，有堅木可恃，乙木氣隨之生旺，也變其性。

17.《夾邱格》

『夾邱格』即指在命局四柱中支上有『酉亥夾戌』，稱之為『夾邱格』。

18.《地支連茹格》

『地支連茹格』是指在命局四柱地支上四個字相連，如辰巳午未，或寅卯辰巳，或是午未申酉，或是申酉戌亥等等之類，稱之《地支連茹格》。

19.《天關地軸格》

例如：日主甲木生於子月為冬木，四柱比肩多。冬木必須火金並用，應用庚丁，用丁制庚，用庚劈甲，故稱『天關地軸格』。

20.《化合假格》

『化合假格』是指在命局中，天干上本有應化合之二天干，但合而不化，故稱『化合假格』。

21.《假炎上格》

『假炎上格』是指命理格局類似『炎上格』。而多半方局不全，或日主不旺，或者在干或支上有一些瑕疵的格局，稱之『假炎上格』。

22.《通關》

『通關』即指在命理格局中，有一字可引通整個命理格局活絡起來，既能生助日主，又能制化財官印的關鍵，稱之為『通關』，打開通路的意思。

23.《照象》

例如：

丁卯
甲辰
日主　丙子
丙申

日主丙火生於辰月，支上申子辰會水局。干上有雙丙一丁出干。火居干上，水居支下，如日麗中天，水底有光，稱之為『照象』。有甲木出干最得力，可以引通水火之情，主大貴。用神為『甲木』。

24.《財滋七煞格》

『財滋七煞格』是指在命局中以財星生官煞（偏官亦稱七煞）為用神的格局。

25.《己土混壬格》

『己土混壬格』是指命局中水多，支上會水局，又有壬癸水出干。干上無戊土可做提防來制水，只有己土在干上，因此用己土混壬來生助命格的格局稱之。

26.《火土傷官傷盡》

『火土傷官傷盡』是指命局中全是火和土。支上成火局，又有戊土傷官在干上，干上無壬甲來刑剋雜亂，故稱『火土傷官傷盡』。用神以傷官為用神。

27.《土金傷官佩印格》

『土金傷官佩印格』是指日元為土，命局中四柱多金旺，日元秉令而旺，為土金傷官，必須佩印，以火生土制傷。故稱『土金傷官佩印格』。用神為火。忌金運。

28.《專食合祿格》

『專食合祿格』是指在命局中有戊土日主，生於庚申時者，稱之『專食合祿格』。庚申時逢到戊日，稱為食神干旺的方位，在年柱、月柱上有甲、丙、卯、寅等字，稱遇而不遇，因食神可制官煞、印綬。

29.《枯草引燈格》

『枯草引燈格』，是指日主丁火生於冬季，必須四柱有甲、有庚，用庚劈甲引丁為有用，但四柱若無甲，用丙火曬乙來用亦可，此格局稱為『枯草引燈格』。用神為『乙木』。

30.《陽刃駕煞格》

『陽刃駕煞格』即是指在命局中，陽刃與七煞皆為命局中主要的關鍵。但都是以『丙火』為用神。

31.《日祿歸時格》

『日祿歸時格』即是指日主之祿位，恰在時支上，故稱『日祿歸時格』。

例如：甲日寅時生人，乙日卯時生人，丙日生巳時生人，丁日午時生人，戊日巳時生人，己日午時生人，庚日申時生人，辛日酉時生人，壬日亥時生人，癸日子時生人，皆有『日祿歸時』。

32.《雜氣財官格》

『雜氣財官格』即指日主為土，四柱無印綬，以財旺生煞而用的命局。

33.《勾陳得位》

『勾陳得位』是指在命局中，日主是土，時支又是土，可助旺日主的命格，稱之。

指戊己土臨於四庫為得位。土旺宜用甲木疏土，土燥宜用癸水潤土，用財生官是一定的用法。格局中必須沒有相沖、相破的刑局，才是必貴之格局，例如支上有亥子北方及寅卯木，是一定有富貴的。已土喜有亥卯未木局為官煞，以申子辰為財，忌有己、酉、丑或寅、午、戌在支上來相沖害，有沖害都不吉。有了貴格，更要行運行北方財運，或是東方官運，就會有五福三多，位高名顯之際遇，一生富貴多福。『勾陳得位』較容易出現在丑月生己土之人的命格中。

34. 《火長夏天金疊疊格》

『火長夏天金疊疊格』是指命局中日主為火，生於夏月，命局中全是火金，不見水，稱之。為富格。專以財星為用神。

35. 《井欄叉格》

八字命局四柱中，日主為庚金，支成水局，不見丙丁在干上，天干上有庚並透，稱之為『井欄叉格』。

36.《飛天祿馬格》

『飛天祿馬格』是水木傷官之變格，專取『甲木』為用神。運行東方有富貴。是獨象喜行化地之故。

例如：八字是壬子、壬子、壬子、甲辰，日主壬水生於子月，干上有三壬，支上有三子水，並且子辰會水局，一片汪洋，子年以甲為天馬。此為『飛天祿馬格』以『甲木』為用神，運行東方主貴。

37.《六陰朝陽格》

『六陰朝陽格』為在命理格局中，日主為辛金，生於戊子時，運喜西方運，陰若朝陽。戊土為陽土，稱之『六陰朝陽格』。此格忌丙丁火。若有干上為庚辛，支上為巳酉丑成局的人，位高權重。

38.《六辛朝陽格》

此格與前格相同，是專指屬於日主辛金的格局，故稱『六辛朝陽格』。

39.《白虎格》

此格亦是六辛格局中的一種。日主為辛金，支上有巳酉丑成金局，又有戊己透干，並有壬透，而四柱無火的命格，稱為『白虎格』。行運西北，富貴非常。但行運東南主大凶。有火為破格。遇火運亦孤貧。

40.《去濁留清格》

在命局中，日主身旺，印多，用財星破印綬護食傷的格局，稱為『去濁留清』格。

41.《壬騎龍背格》

在命局中，日主為壬水，坐於辰上，也就是壬辰日生日，通根身庫，專用寅宮丙火財星為用神的命格，稱為『壬騎龍背格』。為壬水坐於辰上之意。

42.《六壬趨艮格》

例如：八字四柱皆為壬寅。日主壬寅生於壬年寅月、寅時。寅為艮位。故稱『六壬趨艮格』。以支上寅暗合亥，而讓壬水得祿之意。

43.《鳳凰拱貴格》

『鳳凰拱貴格』即是指在命局中支上有寅卯辰支類東方，屬木，而又有『午』字，有辰午夾『巳』貴，稱之『鳳凰拱貴格』。

44.《劫印化晉格》

在命局中，日主癸水生於夏月，極弱。若在四柱中有庚壬兩透干，來制火潤土，並且使癸水有根源的命格，稱為『劫印化晉格』。有大富貴。但不可有丁來剋，或有乙庚相合的情況，會成廢人無用。

45.《龍虎拱天門格》

辰為龍，寅為虎。在命局中四柱支上有辰寅拱卯，卯為日月出入之門，故稱『天門』。故命局中有辰寅拱卯者，稱之『龍虎拱天門格』。另外亦有日主酉日對沖卯，四柱不見卯，而見寅辰二字的，也稱『龍虎拱天門格』。

46.《體全之象》

在命局中，日主為水，而四柱水淺金多，稱為『體全之象』，是一種破格。以全命局來講，金多為母，水少為子，母旺子孤，當助其子，因此以全局為主，當以日元為用神。也有用戊土為救病的藥。

47.《金白水清格》

命格為壬水，生於七、八月，月令庚辛金秉令，金水相生，稱之為

『金白水清格』。此格局忌戊土阻塞、己土混壬，故以有甲木出干疏土主貴。有多個甲木透干，去濁留清，金白而水自清，主大富貴。若時干上透甲為『文星』，以文名而主貴。

48.《旺盛無依格》

『旺盛無依格』為潤下格之破格。潤下格須日主為壬癸水，支成水局，四柱不見戊土出干稱之。並且要運行西北主大富貴。而『旺盛無依格』則需土來制水，且有行運相背的狀況，故稱之。

49.《雪夜燈光格》

在命局中，日主為水，又生於冬月夜間出生的人，月干上見了火，為『雪夜燈光格』。

50.《子午雙包格》

四柱支上有兩子、兩午的格局稱之。

51.《龍虎包承格》

四柱支上見『丑、卯、巳』，而夾『寅、辰』稱之。

52.《龍虎拱門格》

命局為酉年生的人，對沖為卯，在四柱中不見卯，而見寅、辰稱之。此為暗夾卯。

53.《揖拱端門會同帝闕》

午為端門，子為帝座、亥為帝闕。命局中四柱拱夾午、子、亥而稱之。

54.《順食格》

四柱天干見甲丙戊庚壬。或乙、丁、已、辛、癸，順序相食，順序為貴。天干一氣，甲食丙、丙食戊、戊食庚是也，此為『順食格』。

55.《拔茅連茹格》

四柱為甲年、丙月、戊日、庚時稱之。或是子年、丑月、寅日、卯時，亦是。

56.《三台祿馬格》

丁卯年、丙午日生人，四柱更有巳字（巳月或巳時），以卯巳午為三台之貴，卯年見巳為驛馬，三台帶驛馬稱之。（丙丁巳午為祿）

57.《真氣往來格》

四柱上有月、日、時干支，交互相合者稱之。

58.《四方正位格》

四柱有子、午、卯、酉為四正，寅、申、巳、亥為四維者稱之。

59.《貴人黃樞格》

四柱上支全辰、戌、丑、未者稱之。

60.《天地中分格》

四柱中，有花甲干支，中分一半的稱之。如甲子見甲午。乙丑見乙未。丙寅見丙申皆是。

61.《蝴蝶雙飛格》

此為四柱兩干兩支分為二，兩干不雜者稱之。

62.《三朋格》

此為四柱中有三天干相同，天地穩合，天干地支相合者稱之。

63.《子遙巳者》

四柱中，甲日生於子月，四柱見子多，以子中癸水，合巳宮戊土為用稱之。

64.《丑遙巳格》

四柱中以辛日或癸日生於丑月，以丑中癸辛暗合巳宮丙戊為用神的命格稱之。

65.《倒冲祿馬格》

即飛天祿馬格，如辛亥、癸亥、丙午、丁巳為倒冲祿馬格。

66.《合祿、合貴格》

例如甲祿在寅，四柱中不見寅，而見亥，稱為『合祿』。例如甲貴在丑、未，四柱中不見丑未，而見子午，為『合貴』。此時取虛神稱之。

67.《一旬三位格》

四柱之年、月、日、時，均在一旬之內稱之。

68.《前引後從格》

四柱之年月、日、時，不必同在一旬之內。而是前三辰為引，後三辰為從，更要看干支之內容是否官貴引從，或是祿馬引從，這兩種是同一格局。

69.《德合雙鴛格》

此格與『天地德合』格相合，為四柱中上下干支相合者稱之。如甲子、己丑是也。

70.《專印合祿格》

命局是癸日、庚申時，因命中印太旺，以申暗合巳，取巳宮丙戊財官為用，為真神，方能取貴。

71.《刑合格》

日主為癸日，有甲寅時，寅巳相刑，此與『專印合祿格』相同，取巳宮丙戊財官為用神，並不是有申合，而是取寅刑之故。

變格選取用神簡易表

格局	用神	喜神	忌神	注意
曲直仁壽格	木	水木火	土金	支上有『亥』更珍貴
炎上格	火	木火土	水金	支上有『寅』更珍貴
稼穡格	土	火土金	水木	干上有庚辛金更貴
從革格	金	土金水	木火	局見壬癸水出干更貴
潤下格	水	金水木	火土	支上有『寅』更珍貴
從煞格	官殺星	財星、官殺	食傷、印、比	月令若為丑月，須有火出干或藏支
從財格	財星	食傷、財、官	比劫、印星	月令若為丑月，須有火出干或藏支
從兒格	食傷星	食傷、財星	官殺、印星	無比劫及財星者不成格
從勢格	財官、食傷	財、官、食傷	比劫、印星	命局中食傷最旺最貪
化土格	火土金	火土金	木	忌甲、乙、己之歲運
化金格	土金水	土金水	火	忌丙、丁、辛之歲運
化火格	木火土	木火土	水	忌壬、癸、丁之歲運

格局	用神	喜神	忌神	注意
化木格	水木火	水木火	金	忌庚、辛、乙之歲運
化水格	金水木	金水木	土	忌戊、己、丁之歲運
從強格	比劫星	比劫、印星	食傷、財官	忌官殺
從旺格	印星	比劫、印星	食傷、財官	忌官殺
兩神成象格（半壁格）	格局中之二種五行	格局中之二種五行	格局外之三種五行	選擇格局中最弱的五行為用神

第七章　八字中常用名詞術語

1.《體用同宮》：
命局中，月令所藏之支用皆出現在天干上，並可為用神者，稱之體用同宮。

2.《木火通明》：
八字四柱中木多、火多為佳。由其在月柱上有丙火、丁火，木火為文星，其人必會讀書，有文學之采之美，稱為『木火通明』之格局。

3.《**水泛木浮**》：

指命格四柱多水，多壬癸，無丙丁，又沒有戊己土制水的命格，稱為『水泛木浮』，為易貧困、死無棺木的人。

4.《**財來就我**》：

四柱中，支上的字為日主之財星，稱為『財來就我』。

5.《**財多身弱**》：

日主弱，四柱支上財星多見，日主不能任財，稱之。此格局仍主窮困。

6.《**夫健怕妻**》：

木為夫。土為妻。木旺土多，無金不怕。八字中一見庚申、辛酉等字，土生金。金剋木，是為『夫健怕妻』。倘若歲運逢金，亦是同稱。例如甲寅、乙卯日元，是為夫健。四柱土多，局內又有金。或者是甲日寅月。乙日卯月，年時多土，干透庚金，即所謂『夫健怕妻』。再如木無氣而土重的人，八字上不見金，夫衰妻旺，亦是怕妻。五行之間都是這麼看法。有此命格的人，皆多懦弱，妻奪夫權。

※『夫健怕妻』重在一『健』字，如日主不健，為財多身弱，終身困苦。健而怕妻，怕而不怕，運遇生旺扶身之地，自然會出人頭地，亦算上格。

7.《混奪才星》：

四柱中有財星與比劫相互抗衡的命格，稱之。如日主甲子生於三月（辰月），辰中有戊土，是甲木的財，但干上若再見一、二個甲木或乙木，則稱之為『混奪才星』，為不吉。

8.《鈍斧無鋼》：

例如命局為甲木需庚金在干上劈甲，而人會有成就。如果干透二丙，庚金藏支，為無用之人。稱為『鈍斧無鋼』，其人亦會懦弱無用。

9.《虛神》：

由命局地支中相夾、相拱所產生的，或是命局中急迫需要的用神，但並不真實出現的在八字中的支神上，稱為虛神。

10.《官坐財地》：

指四柱中之干支為日主干支之官煞和財。如日主為甲子，而年干支為辛丑，辛丑對甲子來說即為『官坐財地』。

11.《財逢食生》

指八字四柱中，財星有食神來生財。例如日主甲木，火是食神，土是財星，火會生土，即是財逢食生。

12. 《三伏生寒》

未月在大暑之後，金水進氣，丁火為退氣，再有『癸』在四柱天干上，稱為『三伏生寒』。

13. 《去官留殺》

月令官殺當權，能去除官星，留下殺星，殺印相生，再使日主生旺的方法，稱之。

14. 《棄命從財》

四柱財多身弱，無比劫的命格，以財星為用神，稱之。例如日主丙火生於七月（申月），四柱庚金多，而無丙丁火及甲乙木和辛金出干的人，為『棄命從財』，多依靠親戚發達進身。

15.《甲乙秋生貴元武》

日主為甲木、乙木，生於秋天，四柱有丙丁火，必須用印制傷官為用神稱之。元武即是壬癸。例如：甲乙木生於戌月，干上有丁火，四柱火多土多，即要用壬癸水來救。此命格貴在用水做用神。

16.《用財損印》

命格中，必須用財星來制印星為用神的格局稱之。例如日主為甲木生於戌月，支成水局，或逢四柱水多，必須以戊土制水為用。即是『用財損印』的格局。

17.《去濁留清》

命格中有庚丁在干上，又有戊土出干，四柱甲木多，破戊土，為去濁留清。

18.《財旺生官》

命格中，財星居旺而能生官星者為之。例如日主甲木的財為土，甲木的官星為金，土能生金。則為『財旺生官』，此種格局要在命格中有用才行。

19.《氣散之文》

命格四柱乙木多逢火位，稱之。

20.《亂臣無主》

乙木生於未月，四柱上又有多個乙木出干，支中亦多乙木，而無丙及癸者，稱之『亂臣無主』格。為常人之命、勞碌。若支上有辛金，為孤命閒士及僧道之流。

21.《秋乙逢金，非貧即夭》

秋天所生日主乙木，如酉月所生之乙木之人，有辛金出干，或四柱支上成金局者，須有丁火制金，如果無丁制金，木被金傷，即為『秋乙逢金，非貧即夭』。此為貧困殘疾夭折之命。

22.《水輔陽光》

日元為丙火，四柱有壬透干、庚藏申，申為壬水長生之地，為用神所在，稱為『水輔陽光』，可由異途而顯達。

23.《壬水輔映》

丙火生於冬天，冬日為壬水專旺之時，冬至之後，有一點陽氣漸生，丙火為太陽，照射在海水上，份外明亮燦爛，代表有美麗成就的人生，稱為『壬水輔映』的格局。

24.《支聚四庫》

四柱上支成土局，就是支上有辰戌丑未，亦稱『支聚四庫』。

25.《貪財壞印》

例如二月生丙火之人，日主為丙子日，辛卯時，丙辛相合，辛為丙之財，木為丙之印，丙辛相合後，木無法生火，丙子與辛卯相合也相刑，稱之『貪財壞印』。此種命格是無法繼承祖業的人。

26.《湖海汪洋》

日主為丙火太陽，命格中四柱有壬庚透出在干上，又沒有戊己土在天干上堵住壬水的命格，使壬水無制，稱為『湖海汪洋』。此格局廣映太陽，有極光輝文明的特徵。有此命格的人，不但能在政府中有顯貴之職，學識也很淵博。

27.《孤陽失輔》

日主為丙火，命格四柱無壬水及庚透，難有作為，稱之。

28.《日照湖海，暮夜燃光》

日主為『丙火』，生於申月，丙火至申有如太陽日暮西山，陽氣漸衰，見土有晦火之嫌。只有夕陽映在湖海中反射映照出來的光芒最亮麗刺眼。故申月生之丙火之人，專以壬水為用神，來輔助、映照夕陽餘輝變燦爛。此種命格用法稱之。

29.《眾煞猖狂，一仁可化》

若命局中，壬多而無癸水，得一戊在天干上制之，稱之。主大貴。

30.《煞重身輕》

命局中，日主弱，而四柱有多個七煞星，稱之。

31.《財滋弱煞格》

命局中要取煞星為用神，但煞弱財強，用財星生弱煞為用，稱之『財滋弱煞』。

32.《化合逢時》

四柱天干有兩干相合的，時支上又有相應合之字，稱之。例如丙日生人，生於亥月，干上有辛金，丙辛相合，時支上有『辰』字，為『化合逢時』，主大貴。在化氣之中，丙見辛最不易化合，必須地支全是金水。生於亥月，丙火氣勢死絕，但在水旺之時，四柱支成水局，又見『辰』字，才為真化，為『化合逢時』，主大富貴。

33.《反生之意》

命局中藉火能生土，土制水以培木，火藉以生旺，稱之反生之意。

34.《棄命從殺》

命格四柱煞強，身弱，稱之『棄命從煞』。如丙火生亥月，四柱又多壬、多申，稱之。此為不經由考試任用，仍會做官的人。

35.《煞刃兩停》

命局中有刃，亦有煞，兩者皆旺，稱之『煞刃兩停』，有大富貴。例如左宗棠命格八字：壬申、辛亥、丙午、庚寅。日主丙午，日坐陽刃，年柱壬煞在申宮長生，為煞刃兩停，為大將軍之功業，有大富貴。

36.《劫入財鄉》

在命局中，有一柱干支，對日主來說，干是劫才，支是正財即是。如日柱為丙寅，時柱為丁酉。丁酉對日主丙火來說，丁是劫才，酉是正財，故稱丁酉為『劫入劫鄉』或『財星遇劫』。

37.《蓋頭》

四柱中有一柱，干上文字剋下支之字的，例如戊子，戊土剋子水，稱為蓋頭。

38.《通根身庫》

四柱中干上之字在支中找到根源的，稱為『通根』。例如日主丙戌，日主丙火為身，戌宮為火墓，亦為庫地，故稱為『通根身庫』。

39.《侮雪欺霜》

冬日嚴寒漸盡，木火漸漸生旺，有陽氣漸進，會使霜雪融化，尤以農曆十二月（丑月）稱之『侮雪欺霜』。

40.《三台之貴》

指命局之干上有乙丙丁，或支上有卯巳午者為三台，皆主貴。

41.《五福三多》

五福為壽、富、康寧、修好德、善終。
三多為多福、多壽、多子。

42.《甲引丁光》

日主丁火生四月，丁火性弱，無『炎上格』，但有甲木與丙火同在干上，而無金水，稱為『甲引丁光』。須運行東南運程，會有五福三多之命。

43.《夫健怕妻》

木為夫，土為妻。木旺土多，無金不怕。四柱中有庚申、辛酉，再有土生金，金剋木，稱為『夫健怕妻』。流年運程逢金運，同論。

44.《獨煞當權》

例如日主為丁火，生於午月，需水恐急，四柱無壬水，有一個癸水在干上，水又是火的煞星，稱之『獨煞當權』。會有出人頭地之機會，但不能有戊己土在干上制住壬癸水，否則也為平庸之人。

45.《枯草引燈》

日主丁火生於申月，用神以甲木為主，無甲木，就用乙木，稱之為

『枯草引燈』，用乙木為用神，不離丙火。

46. 《甲不離庚，乙不離丙》

甲木得庚才會靈活，用庚金劈甲做成有用器具。乙木有丙火日曬才會乾燥，才能引燃丁火。

47. 《日照江河》

日主為丁火，生於亥月，命局中有水無金（無庚辛金），而有丙壬相輔映，稱為『日照江河』，因庚辛金為丁火之財，無財，故為清高貴命之人。

48. 《財星黨煞》

財星會生官煞。例如日主戊土的財星是壬癸水，官煞是甲乙木，水可生木，生得多時，會和木一同結黨，連成一氣。故稱財星黨煞。（煞是指官煞）。是財星和官煞一起結黨之意。

49.《權官會黨》

官煞皆主權。日主若為戊土，見命局中支成木局，又有甲乙木出干，木多而旺，乙木為戊土之正官，甲木為戊土之七煞，稱之『權官會黨』。

50.《土木自戰》

日主為戊土生於卯月，命局中全無甲、丙、癸可做用神的人，稱為『土木自戰』，為身弱殘疾，或有腹中疾病，命運愁苦之人，即使體壯，亦為無用之人。

51.《祿馬同鄉》

命局四柱中，四柱之祿地與年支所形成之驛馬同在支上一個字中稱之。例如未年戊日巳時生人。巳宮是日主戊土之祿地，又是未年驛馬之地，故巳宮即祿馬同鄉。

52.《君臣慶會》

例如日主戊土生午月，為陽刃格，命局中有壬甲兩透干，為『君臣慶會』。壬水是財星，甲木是官星。此格局為官高權重之人。

53.《陽刃倒戈》

日主為丙火或戊土，丙戊刃在午，為陽刃。木會生火，火又生土燥。火炎土燥不可遇水，遇水反激凶禍，稱之『陽刃倒戈』。

54.《燥土不發》

例如日主為戊土生於戌月，又支成火局，無金水透干，稱為『燥土不發』。

55.《財歸座下》

例如日主戊子，戊土之財為水，子支含用為癸水，正是戊土之正財。子在戊之下，故稱財歸座下。

56.《專食合祿》

日主戊日見庚申時，為『專食合祿』格。

57.《天地同流》

八字四柱之天干地支相互循環相生，有始有終，一生富貴極品，為五福三多之命，為『天地同流』。如八字為甲子、丙寅、己巳、辛未者。日主己巳生於寅月，命局天干上有甲木生丙火，丙火生己土，己土生辛金。地支年支上有子水生寅木，木生巳火，火生未土，再由未土生時干之辛金，天干地支相互循環相生而成。

58.《清得盡者》

在命格中，雖五行之氣都有，但清氣獨逢生旺，或真神得用，亦或是清氣深藏命局之中，都稱為『清得盡者』。清氣當權，有歲運制化，亦可由考試晉升有富貴之途。

59.《源濁流清》

命局殺勢當權，支上逢沖，又有屬水的財星隔於二沖之間，稱為『源濁流清』。主幼年寒微，後主貴。

60.《七煞無制》

七煞為偏官，若身弱，無制時，為身弱夭折貧賤之命。若身強煞旺無制，為盜賊之命。

61.《旱田》

四月生己土之人，在命格中無癸水的，稱為『旱田』。三夏火旺之時，正值稻禾在田中需雨露滋潤，需水恐急，無癸（為雨露）即為旱田。或命局中火旺或支見火局，無癸，或癸水無根者，皆為旱田。有癸水可解孤貧，此必犯目疾或心腎之病。

62.《孤陰》

四月生己土為衰竭之土，生於夏季，無丙火配合的命格稱為『孤陰』。

63.《勾陳得位》

『勾陳得位』是指戊己土臨於四庫而得位。此格局較易出現在五月生己土之人的命格。

64.《勾陳全備潤下》

指日主為戊己土，支上有申子辰會水局，或是支上水多的格局。土雖能剋水，但水多仍是土蕩，此為勞碌奔波之命、飄流他鄉，亦有眼疾和惡瘡膿血之症。

65.《財破身榮》

例如日主己土生於丑月，有壬水財星出干，己土是濕土不能制壬水，有戊土出干來幫身，財旺用劫（戊土是劫財），再有丙火暖土，為『財破身榮』。是富中取貴的格局。

66.《死金嫌有蓋頭之泥》

日主庚金衰弱，四柱多戊土，戊土為偏印，命局即為『死金嫌有蓋頭之泥』，非要有甲木出干制土不可。

67.《貪合忘官》

日主庚金生於卯月，卯月乙木當旺，會自生丁火，為財旺生官，若干上再有乙木，乙庚相合，若無法化合，為『貪合忘官』之病，應以甲木或丁火，出干來制服。

68.《劍戟成功》

命局為日主屬金的人，如庚金，在巳、丑、申、酉等月份，得丁火煅煉為『劍戟成功』，是劍戟已造好之意。

69.《金剛木明》

命局中日主為庚金生於申月，命局中有甲無丁，稱之為『金剛木明』，因無丁火煅庚金，故會為剛硬之頑金。此為經營行商的小商賈之命格。

70.《金入火鄉》

日主為庚金，命局中支會火局，又具有申酉戌西方之地，酉為庚金之陽刃，稱為金神入火鄉，有大富貴。

71.《凍雲蔽日》

如日主庚金生於子月之人，或日主癸水生於丑月之人，若命局中有丙癸兩透干，及支上子丑相合的命格，稱為『凍雲蔽日』，亦稱『雲霧有根』。因用神丙火被水所制受損之故。

72.《君臣失勢》

日主辛金生於寅月，命局中以己壬兩透干，支中藏有庚金來制甲木而不損己土的命局，為顯貴名臣之命格。如果己壬兩種缺少其中之一，即稱為『君臣失勢』。是一個非常聰明，但不走正途，又富貴難全的人。

73.《官印相爭》

例如日主辛金，生於卯月，支成火局，為火土勢雜，即為『官印相爭』。會水金兩傷，主貧賤。

74.《一清徹底》

日主為庚辛金，命局中有壬水出干，支成金局，又有甲木在干上破戊土，稱為『一清徹底』，有極品富貴。

75.《燥泥成灰》

日主辛金生於午月，命局中沒有壬水，而有癸水出干，又與戊相合化火的命局，雖午中有己土，不能為救，辛金依然被煅制熔金，此命局稱為『燥泥成灰』。是僕人、乞丐、僧道之流的命格。

76.《獨壬不貴》

例如日主辛金生未月，在年月時上有亥卯會木局，亥中有壬水，必須再有庚金相生來幫身，才能任財，而主貴。如果無庚金在干上，則為『獨壬不貴』。而無法主貴命了。

77.《沙水同流》

命局中都是壬水洩金的局面，而無戊土制水，稱為『沙水同流』。此命格為一好學的寒儒之人，到老貧苦奔波。

78.《金白水清》

日主『金白水清』。辛金要用壬水淘洗，才能『金白水清』以主貴。

79.《一將當關》

日主壬水生於寅月，命局中戊多，有透干也有藏支的，只要有一個甲木出干，群邪自伏，權位極高，此種格局稱為『一將當關』。

80.《水火既濟》

日主壬水生於寅月，命局中支成火局，即是『水火既濟』之格局。

81.《土木交鋒》

日主壬水生於巳月，火土重之月，若命局中金水多，而支上有一『寅』字，與『巳』相刑，是木助火旺的格局，四柱雖多金，仍怕火。稱為『土木交鋒』。此命格的人，小時有疳病（腹內有寄生蟲），大時有暗疾，一生虛浮無用。

82.《體全之象》

日主壬水生於酉月，若命局中全是金，而無甲，可用金來發水源，此稱做『獨水三犯庚辛』。亦稱為『體全之象』。以金為體，以水為用神。

83.《玉堂清貴》

日主壬水生於戌月，命局中都是戊土，戊土多，時干上有甲木透干，為『煞重有制』，亦稱為『玉堂清貴』的格局，主文貴。

84.《用神得地》

子月生之壬午日，丁未時生人，用神為子中癸水，子又為陽刃，稱為『用神得地』，會有位高權重、富貴俱全之命。

85.《水冷金寒愛丙丁》

生於冬月中選取用神，是離不開丙火的，但命局中金旺時，有丙辛相合的狀況，丁火也是可用的。

86.《金水沈寒寒到底》

日主壬水生於丑月，命局中若支成金局，而沒有丙丁的命格，稱為『金水沈寒寒到底』。是一世孤貧的人。必須有火解凍，便有衣食了。

87.《陰陽和合》

日主為癸水，在陽和初發之時為雨露，用辛金發水源，再用丙火取暖，而能孕育植物生長，此種格局稱為『陰陽和合』。

88.《陰陽承靄》

日主癸水生於辰月，在清明之後，穀雨之前時，天氣還未熾熱，癸水有迴光反照的現象，如果有金水生助，有辛金生之，再用丙火做用神，此種格局稱之『陰陽承靄』，可為貴命。

89.《火土熬癸》

即為『火土熬乾癸水』，指命局中都是火土，沒有壬癸水，又沒有庚辛金的命格，即使有己土生金，也不能無水。有此格局者主殘疾，眼瞎及夭折。

90.《有燄之火》

日主癸水生於申月，命局中有丁甲並透干，木火相生，稱做『有燄之火』，主其人有才華，光輝難掩，有富貴。

91.《獨財得位》

日主癸水生於申月，命局中有一個丁火藏於午中，丁祿在午，無甲木相生，稱為『獨財得位』。此為富中取貴的格局。

92.《身旺無依》

命局中多金，無火制之的命格，稱為『身旺無依』，主貧薄。

93.《癸己會黨》

日主癸水生於丑月，命局中若有己辛出干，稱為『癸己會黨』，只要有己土制癸水，便可用丁火做用神了。

對你有影響的
昌曲左右

在每個人的命格之中，文昌、文曲、左輔、右弼
都佔有重要的位置。
昌曲二星不但是主貴之星，也直接影響人的相貌、
氣質和聰明度，更會為你的人生帶來不同的變化和
創造不同的人生。
左輔、右弼是兩顆輔星，助善也助惡，
在你的命格中，到底左輔、右弼兩顆星是和吉星同宮
還是和凶星同宮呢？
到底左右二星有沒有真的幫忙到你的人生呢？

這是一套十本書的套書，其餘是『權祿科』、『羊陀火鈴』、
『十干化忌』、『天空、地劫』、『殺破狼』上下冊、
『府相同梁』、『紫廉武』、『日月機巨』等書。

這套書是法雲居士對於學習紫微斗數者常忽略或弄不清
星曜特質，常對自己的命格不是有過高的期望，就是有
過於看低自己命格的解釋，這兩種現象都是不好的算命
方式。因此，以這套書來提供大家參考與印證。

第八章　排八字命式表

在排八字論命時，很多人問我：『到底要不要排一定型式的『八字命式表』？

其實我覺得這個問題很簡單！如果你是自己算算看，或是幫家人、朋友算，就用簡單的方式，把八字四柱排開，下面稍微標起一下就可以了。

如果你是要開業為人算八字的人，做一個『八字命式表』比較正式、好看。（請看後頁）

如左式：

殺	丁酉	比
食	癸卯	才
日主	辛未	卩
劫	庚寅	財

日主辛未生於卯月，有庚出干，日主轉旺。支上卯未會木局，會洩癸水之氣。用庚制木，癸水傷丁。日主辛金得祿於酉，主蔭庇，享富貴。以庚金做用神。

（此為蔣宋美齡女士之命格）

用神：庚金
吉方：西方
財方：西方
忌方：東方。

大運：陰女順行

甲辰 5
乙巳 15
丙午 25
丁未 35
戊申 45
己酉 55
庚戌 65
辛亥 75
壬子 85
癸丑 95
甲寅 105（甲寅木運不吉，殞命）

可在大運下記錄其他的加註。

八字命式表

乾造：〇〇〇先生

出生日期：
國曆70年7月21日7時
農曆70年6月20日卯時生

格局：正印格

胎元：丙戌

八字	天干	地支		四柱納音	空亡	納音十二運	命帶貴人、神煞
劫財	辛	酉	劫財	辛酉石木榴		木胎	祿神、桃花
正財	乙	未	正印	乙未砂中金		金冠	天乙貴人
日主	庚	子	傷官	庚子壁上土	日柱空亡	土胎	天喜、勾絞、伏吟
正印	己	卯	正財	己卯城頭土		土敗	飛刃

會：卯未會木局　合：乙庚相合　刑：　沖：卯酉相沖　破：子未相穿

用神：癸水　喜神：庚辛金　運喜：金水運　運忌：木火

陰男逆排

行運	年歲
甲年	5　14
癸巳	15　24
壬辰	25　34
辛卯	35　44
庚寅	45　54
己丑	55　64
戊子	65　74

八字命理解析

日主庚子生於未月，己土秉令。生於大暑之前，選取用神之法與五月相同，大暑之前火旺，需水恐急。有辛金出干，乙庚相合不化，無丁甲在干上，丁火藏於未中，支上卯未會木局，為財局。財旺生官，以子中癸水為用神。

日主庚子為倒懸吊在空中的鐘磬。鐘裡面是空的，敲起來聲音才會響亮，適合坐於死絕之地，支上子未相穿，受到衝擊的運程，則會有名揚四海的聲譽，為商人小富之格局。人生有起落高低，婚姻不美。人生高潮在辛運。

※八字命理解析部份還可紀錄更多的命理分析，以及批流年的事項。

第九章　十神的代表意義

1. 正官、七殺的代表意義

正官代表：長官、最高首長、政府官員、行政人員、學校校長、管理人員、律師、法官、上司、老闆、主人、工程師、嚴厲的父母長輩、監護人、丈夫、愛管人的人、貴人。亦代表法律、地位、權力、命令、禮法、責任、負擔、工作、任務、規章、條文、壓力、學業、學歷。

七殺代表：軍警武官、暴君、對立、災禍、激烈、病痛、凶惡小人、危險的勢力、狠勁、離鄉背井、易驚吵鬧、危險、不良的環境、強暴，在人方面代表不合對立的人，仇人、凶暴之徒、女性婚外情的人、邪惡之人、災變等。

正官之個性：為責任感、保守、品行端正、講理、略有自卑感、理性、服從，重名譽、講信用、做事刻板、自制強，有正義感、自尊心強、易守法，有君子風度，重視團體規範、重視輿論。會從別人的眼光來審視自己，反省力強、重視事業。

七殺之個性：性格衝動、不穩定、脾氣剛烈暴躁、易反叛、多疑、不服輸、深沈、有毅力、專制，但機敏、做事勤勞、有魄力、攻擊性強、嫉惡如仇、愛報復、性格凶殘、極權，晚上睡覺易受驚磨牙。

正官為喜用神：必是命局中官少、官弱、比劫多、食神多的命局。因此其人會懦弱，一生平平。行運到喜用方位時，人生會有成就。生兒子對你有利。

正官為忌神時：命局中必是官重印多，須食傷來制之的命格。因此會較勞碌，易受長輩管束和負擔家計，一生較辛苦。官重容易為事業打拚，但工作易不利。女子官重，為夫犧牲較多，但也易感情不利。

七殺為喜用神時：常是因為調候的關係，生於嚴寒冬季或生於酷暑夏季，用丙、癸做用神的命局。丙、癸為七殺用神時，必是日主為庚金或丁火的人。庚金生於冬季需火暖金。丁火生於夏季，火炎土燥，需癸來滋潤。有此命格時，其人皆性格硬，自我主觀強，急躁不安，易與人不和，亦或懦弱，少與人來往，安靜、少意見，但內心自有主張。

七殺為忌神時：是殺重身輕之命格，要小心非貧即夭的狀況。

女命忌官殺混雜：婚姻不美。其人易有多次婚姻，或犯淫色桃花之事，宜用食傷來制官殺混雜。女命命局中有兩個正官，即能結婚，正官少，或無正官者，易不婚。桃花也少。女命七殺多，易被強暴或被逼賣淫。

男命官太旺：正官太多轉為殺，易多傷災，或體弱，易夭折・其人子息少，可女兒多。

命格中以『財、官、印』之組合：正官、正財、正印俱現於八字命格中為最佳，一生平穩，亦能大富大貴，此為三奇，適合以公職主貴。

八字四柱中，有一柱之正官落空亡時：如在年柱，要小心讀書時期學業不佳，在月柱、日柱，要小心事業不佳、落空。女命之正官落空亡，又在日柱上，易早喪夫，或夫運差，或不婚。

男命八字中，日支坐正官：得妻管嚴，有強悍之妻。工作還順利。女命日主坐正官，願意被丈夫管，對丈夫服氣，為夫任勞任怨，夫妻感情合諧。

日支坐七殺：男命感情不順，與配偶多爭執、多是非口角，但會疼愛女兒。做事易衝動，行動力強。女命與配偶不合，易另尋替代人物。

八字無官、無殺之人：其人事業心不強，也無視於長輩、長官的存在，易對上不敬，性格豪放、不受拘束、易不守法，也不易升職、升官。女命無官殺，易不婚。

正官、七殺在八字月柱上：多半為家中老大。七殺在月干上，又有印星來引化的，以長子論。

日主強，又有比劫多重：可用官殺來制比劫。日主衰弱，則不喜用官殺，以防洩損日主之元氣。

命局中，當官殺為喜用神時：不喜有食神、傷官來剋，主有訟事官非，或工作不利，遭罷黜降職等處份。

命局中，常以財來看官：命局中以財來生官的，主文職。命局中以財來生殺的，主武職。

命局中，身殺兩停者：宜有食傷出現來制殺，則掌權威有成就。

命局中，日主身強殺淺，不可制，日主弱殺旺，可制，用食傷來制七殺。

命局中，日主弱，七殺旺，再逢殺運，必有災禍。

女性命局中，不宜多見食傷、印星、比劫，不利配偶，有刑傷。

女性命局中，也不宜有正官和傷官一起出現於八字命局中或同在日支上，易找到工作不佳之配偶，夫妻也易不合，有爭執。

2. 正財、偏財的代表意義

正財代表：男命代表自己的配偶妻子，女命代表自己的父親，命中真正享受到的財，正財所賺之錢財，代表與錢財有關之人或物，如：會計師、固定資產、財富之類。亦代表性慾、所能支配的權力慾望、貪婪的慾望、征服、佔有、掌握的慾望，成就感，以及天生的企劃能力，理財能力，正當的異性緣、姻緣、感官感覺，妻妾、部屬、手下、現實利益、養命儲存之物。

偏財代表：男命代表不正常的異性關係，外遇關係，養子、庶子，在外所生私生之子，意外之財、偏財運之財、橫財、投機性之投資之財，流動資產，借貸或撿到之錢，侵佔之款，不是正常所得之錢財，在人代表、在外偶遇之關係，如女朋友、小老婆、姘夫、妓女之類。亦代表露水姻緣、邪桃花。

正財之個性：代表重視正常之利益，重信用、承諾，有責任感、喜精打細算，會明辨是非、易節儉、吝嗇、滿足物慾享受。命格中正財多時，易嘴甜、愛玩、懶惰、唸書唸不好、無榮譽心、不肯吃苦、重性慾、好色，貪戀酒色。

偏財之個性：代表天性投機性強，較有偏財運之機會，為人慷慨、沒金錢觀念，對人重感情，不珍惜錢財，易講義氣，坦白、不虛偽、重友情、樂助人。

正財、偏財合稱財星：在四柱中，在年柱中，為祖上有財，亦會與祖父母關係好。在月柱上，為父母有財，環境財多，出生時之家庭富裕，一生較生活富裕。在日柱日支上，為配偶有財，能擁有多金同時也代表你能因才華而賺到大錢。

6.**『相剋為財』**：為日主所能剋者為財。財星能生官殺、洩食傷、制印。日主強又多比劫時，財星會遇比劫分財，而主破財。故用食傷來洩日主之強旺較佳，當財旺身輕時，宜用比劫來幫身奪財。日主強印旺，喜用財星來制印。身弱用印，又忌財星來壞印。

7.**財星為喜用神時**：多半命局中財少，或印旺，或食傷多，或要用財來生官。用對財星，即能生財，有異性緣。

8.**財星為忌神時**：因為財會剋印，財又會生官，兩者皆不利於日主，其命局多以食傷為用神。當財星為忌星時，仍有財。只要命局四柱上有財星顯現，則有財。特殊格局無財星顯現的亦能主富。前者只要歲逢喜用之運程，即可發富，或發貴。

9.**身弱財旺時，不能任財**：為一懦弱怕妻之人，或因妻妾而破財，亦與長輩緣薄，或常為長輩之事而花錢，一生難聚財。

10.**財坐庫位逢沖，可爆發偏財運而致富**：有二個偏財在四柱上顯現即能

財坐庫位逢沖，可爆發偏財運而致富：有二個偏財在四柱上顯現即能有偏財運爆發，宜算大運流年以得之。

女命正財、正官過旺，皆與夫家不和：男女命皆不宜財星過旺，易好酒色、外遇，不重家庭。男子若有財星雙合日主者，貪合忘官，能享齊人之福。男子命中偏財過多時，婚姻不正，或為養子之命。女命易為父兄操勞。

命中四柱正財、正官多，有端正、賢淑之妻：家庭正常。命中四柱正財、食神多，妻有助力，妻賢子孝。命中四柱偏財、傷官多，男子為妾家掌權、奪權，無事業，或事業不興，愛好酒色。

八字四柱中，財星落空亡時：與妻緣份不長，或與妻不和、冷淡。亦不宜經商，以防一場空。

四柱中不見財星者：其人未必無財，有特殊格局者，仍有富貴。但其人易不重錢財，男子亦不重視妻子，婚姻較遲或不想結婚。尤其八字中無正財者，工作不長久，又易大男人主義，自以為是。

15.命格中四柱有二個以上之財星，必有婚姻：有兩個正財能娶正室、婚姻幸福，多則為財多身弱而怕妻。有兩個以上之偏財，要小心好酒色而傷身，也較不易相信女性或不易找到自己心目中之好老婆。女人亦然。

16.命局中，財星與劫星同一柱，或在旁柱貼近：其人一生易碰小人破財。或因兄弟、親友、朋友而破財。

17.在日柱中，日支為日主之正財時：男子有正位多財之妻，得妻助，婚姻幸福，擅於理財。女子則財在配偶，宜早日結婚，享受家庭之樂與配偶之財。

18.日柱中，日支為日主之偏財時：正室位衰，側室奪位。易婚姻不美，中途婚姻受挫、離異、再娶，或離婚後不再婚。也易只有情人或異性朋友的關係，而不想結婚。

19.在命局中當印星為喜用神時：又被財星貼身剋破，容易父母中有一個早亡，其人工作也易不順，易遭災或革職，或考試失利。用比劫幫身任財，或以官殺化之為好。

在命格中，身旺、財旺，有官星俱現：財旺會生官，官星又會衛財，會主富。亦或是命格中身旺、財旺，四柱有食傷或官殺，亦能主富。亦或是身弱財多，無官星、印星，而有比劫星能制財星，亦能主富。尤其在年柱、月柱有財星，無刑剋相沖者，一生都較富。月支代表一生外在環境，帶財星最佳。

在命格中，日主受官星所剋太重，財星少或無或被沖破，會主貧：或是命局中財星多、身弱、不能任財，主貧。或是命局中用神為印星，又有財來壞印者，主貧。亦或是命局中印旺，財星少，又不見食傷者，主貧。

在命格中無論男女，財星在命局上出現，十分重要：多半命局中見得到財局、財方，或財星的人，一生在錢財用度上才順利，有錢可用。命局上無財星者，除了特殊格局之外，多半主貧，有錢財困擾。

3. 正印及偏財的代表意義

正印代表：父輩、祖父輩、長輩、父母、母親，女性長輩、老師、學者，對你好又能幫助你的人，為官之印綬，代表靠山、文書類、學術、知識、學業、藝術、文學成績、印章、醫藥、醫生、宗教、神明、貴人、傘、交通工具。

偏印代表：繼父、後母、保母、奶媽、信教者，算命師、代課老師、有靈異感應的人，哲學、幻想、企劃人員。

偏印又稱『倒食』、『梟印』：正印和偏印合稱『印星』或『蔭』。

正印之個性：為有寬容之心、仁慈、有耐心、博愛，對弱者慈愛、有高智慧、有品德、較軟弱，消極，有依賴性，少競爭心，易孤獨，做事沈著、細心，有涵養。對人肯付出，愛照顧人。

偏印之個性：性格較尖銳、聰明、精明幹練、有偏執狂、頭腦古怪、有鬼點子、神經質強、心機重、深沈、不開朗、小氣吝嗇，對人酸刻薄、心胸狹窄、好孤獨、善變、有時也懦弱。

印星為喜用神時：必是命局中身弱而用印。會因命局中食傷太旺或財太旺而用印。財太旺用印，要先取比劫，不能單單用印。當印星為喜用神時，其命理格局必是別的格局，而不是正偏印格。因此印星為喜用神時，會為家人付出多，或出身寒微，或父母對你好，但要依靠你。

印星為忌神時：必是命格中印多，缺食傷，或缺財，或缺官。因此天生會懦弱無用，受到照顧保護多，因此正偏印格多半用食神、七殺或財星來做用神，為『印格用食』、『印格用煞』、『棄印就財』或『取財破印』等格局。

日主強旺時，不喜印星多現：會與長輩有直接衝突，因日主強不喜受照顧。日主弱則喜印星來扶身，其人也會和父母長輩的感情好。

當印星落空亡時：會與母親或父母緣淺不深，或父或母早亡，別離。一生較不易受到上司、長官、長輩照顧，工作職位上不順利，易中途受挫。

當命格中印星太旺時：子女少，或無子，尤其命局中時支與年支、月支、日支沖剋者多時，尤驗。印星旺，代表愛好文學、藝術、求知慾較強，好學多聞、會有氣質，與哲學、宗教有緣。尤其印星在年柱或時柱上，父母對其影響大。印星旺的人，做事較不積極，適合走文質的路子，做文職但奮發力不強。有貴人相助，但父母不一定有錢。要年柱、月柱、有財星，父母輩才會對你好，也有錢給你用。

命局中，如果有財損印又貼近相剋的狀況：主其人母早喪或對母親不利，亦會因父母長輩出錯而受連累及遭災。其人亦會一生多波折，不如意。必須有官殺來洩財，而生印有救。

八字中無印星的人：其人會不重名譽，讀書讀不好，不喜受長輩和學校管束、對父母無緣，不關心，或易離家外出，少相處。父母長輩也對其幫助少，升官機會少，少人提拔。

八字中如果是偏印為喜用神時，會不走正途，或不做正業，而以旁門左道之路而發達，為異途顯達之人。如果命局中正偏印皆平均都有，則易同時兼職數種。

命格中偏印太旺：又為陰干時，其人多陰險、不肖，易為凶徒。

4. 食神、傷官的代表意義

食神代表：女兒、孫子女、外孫女、晚輩、部屬、學生、傭人、作家、智慧、思想、秀氣、時髦、孕婦、跳舞、創作者、食物、田地、管家、運動、當舖、口才、新奇物、旅遊活動、財產、藥材。

食神的個性：聰明敏捷、溫文儒雅、貌相秀氣、有修養和福氣、好動心慈、有愛心、會付出、喜美食、好衣食享受、有時會懶散。

食神為爵星：可生財星，又能制七殺、偏官，為『壽星』，使七殺不傷日主。

傷官代表：兒子、孫女、晚輩、僕人、反叛的人，學徒、藝術家、記者、推銷員、科學家、有精神病的人、寡婦、舞女、妓女、疾病、災害、離婚、損失、丟工作。

傷官的個性：有奮發力、好勝心強，但不愛守法、愛出風頭、較反叛、驕傲、善變、好動、聰明、善辯、不喜愛拘束、做事情緒化、思想主觀但富幻想、易誇大、不高興就反擊或誹謗、善競爭、好反對，為反對而反對，傷官就是傷害官星，故不利於工作，必有工作起伏，多變之事。

在命局中，若食神為喜用神：最怕偏印梟神來剋破，會壽元短。若食神落空亡，也易壽元短，命運多波折，食神落空亡，子息少，或無。

在命局中食神、傷官，同為一格：合稱食傷。其格局大致與官煞類似，輕者為食神，重者為傷官。食神宜生旺，傷官宜制抑。通常在命局中，食神只宜見一個，若有二、三個，則以傷官論之。

在命局中食傷多：必用財星洩食傷之氣，稱為『食傷生財格』。若財星遇劫，也必取食傷來救財星。這是食傷生才，以才為用的狀況。

在命局中，食傷佩印有兩種用法

『**病藥佩印**』：例如日主為壬癸為水，生於春季，春季有旺木洩水之氣，必須用庚金來剋木生日主之水。庚金就是此病之藥了，也是日主的印星，叫佩印。『**調候用印**』。例如日主為甲乙木，生於夏季，火炎木渴，急須水潤，此為『木火真傷官』格，必須用水（印星）來調節氣候為用。

在命局中，亦有食傷用官為『調候用官』的：例如日主為庚辛金，生於冬季，急須火來暖命解凍，此為『金水真傷官』格，因此用丙火（官星）來調節氣候，此為『調候用官』。

在命局中亦有調候用食傷的：例如日主為甲乙木，生於寒冬，天氣嚴寒，必須用火調候，此為調候用食傷。

食傷為喜用神時：多半命局中官殺強或官殺混雜，或用來調節氣候，以命中太燥熱，或太冷不佳，或財少而取用食傷。因此在命局中常是食傷少或無的。此種命局如果還有食傷在命局中可用做用神的，其人可因才華而揚名，而得到衣食無缺的生活。也會有孝順的子女來助益你的人生。倘若須要食傷來做用神，但本命局中無食傷的，則子女少或無，一生才華也難彰顯，也難用才華賺到錢，會窮困。又如果，大運能逢到用神食傷的大運上時，也能富裕一陣子。或在此時機生子女。

食傷為忌神時：食傷無用，表示要用印來生身。例如日主庚金生於冬季，命局中水多（食傷多），須戊土印星來築堤防救助，因此要有戊土出干生金。水就是忌神。當食傷為忌神時，子女無力，或不孝，或子女少不想生。其人自己也與父母不合，不聽父母的話，一生才華古怪，不會因才華出名。

在命局中，食神過多時：宜用梟印（偏印）。傷官過多時，宜用正印。四柱食傷多、太旺、男女皆不利。不利子女及刑傷子女，女命不利於丈夫。

在命局中，若有傷官和劫財與羊刃同在月柱、日柱時：其人為凶命、凶徒。

命局中食神多的人：說話溫和、不喜得罪人，心思細密，有文采，但易體弱多病，與父母緣淺。要佩印來化解。

命局中傷官多的人：話多，鋒利、好表現，主觀強，自我意識強，有大男人主義或大女人主義，說話易有口無心。

在命局中，食神落空亡時：易是非災禍多，人生不利，易無成就，也易因災而亡。若傷官落空亡時，事業尚可，但不利生子，或無子，生女可。

食傷與官殺相鄰並剋破官殺者：一生工作多不順，且易多遭是非、官非有訴訟被關入獄之事。

食傷和印星相鄰又被印星剋破或暗刑者：其人會懦弱，受母或長輩嚴加管束，無個人之主見，能循規蹈矩，聽父母的話。亦會子女少，或夭折生子不易。

八字中食傷多的人，較靈活：八字中無食傷的人，子女少，也緣薄，或聚少離多。此種人，性格較不靈活，能做技術專精之工作，少變化，也不愛運動及變動。更不喜揚名、行事保守、內斂。

日支代表配偶，日支有食神時：配偶性溫和，也秀氣，屬於豐滿肥胖型的人。日支有傷官時，配偶性急、難相處，事業不佳，脾氣暴躁。夫妻倆也無法相互助運，且易遭配偶連累，或連累配偶．其本人也易走宗教或藝術路線，或有專業能力，或做自由業。

八字中四柱無財星顯現者：有食傷可生財，仍有財，亦可主富。

在八字四柱中，傷官居於年柱、月柱中：無祖業，或家貧。

5. 比肩、劫財的代表意義

比肩代表：平輩的兄弟姐妹、朋友、同事、同學、表兄妹、堂兄妹、同姓的朋友、獨身不婚者，客戶、合夥人、小舅子、小姨、結拜的兄弟姐妹、手足、玩具。

劫財代表：平輩的兄弟姐妹，（男子以姐妹為主，女子以兄弟為主），異性朋友、相同嗜好的人、合夥人、匪徒、司機、助理、劫財者、駕駛員、壞朋友。

比肩之個性：性孤獨、喜自由、不受拘束、有自信、好冒險、性急、衝動、自主性強、性格果剛、固執、主觀強。

劫財的個性：性格善變、性急暴躁、自私、注重自我、好賭、愛冒險、有雙重性格、易怒、攻擊性強、不講理、有勇敢奮鬥的意志力、但會意氣用事、不理性。

比肩、劫財合稱比劫，當比劫為喜用神：一定是日主弱、須比劫幫身或是財旺印無能為力，非用劫財奪財為用。因此其人很需要朋友或兄弟姐妹的助力來幫忙。一定要八字四柱中有比劫，且不落空亡，要得力，兄弟姐妹及朋友才幫得上忙，否則也未必得力。

6. **比劫為忌神時**：一定是身旺比劫多了，怕其分奪財星，要用官制劫，護財星。這代表命中財少、財弱，或無財，易與兄弟姐妹相互拖累遭災。也會因兄弟姐妹而破財。四柱比劫多而旺時，不易得眾人之財，宜做上班族、薪水族，不可投資或經商做生意，易破財、失敗，賺不到錢。

7. **男命財少，比劫多者**：結婚不易，或夫妻緣薄，尤其劫財多的人，會剋妻或易同居不結婚，也要小心易再婚，婚姻不久。有比肩多的人，易重婚。

8. **命局中，比劫落空亡時**：易與兄弟姐妹緣薄，或分開或早亡。比劫者與羊刃同柱，或遭刑剋相沖時，易犯血光、開刀、意外、車禍、傷災、破財之事。

9. **命局中，日支坐比肩帶祿者**：如乙卯、辛酉等，配偶能為自己生財，夫妻和諧。日支坐劫財者，如日主為丙午、丁巳者，日支坐劫財、傷官、婚姻易生波折，配偶健康不佳，配偶的條件也與自己不相當。

命局中，日柱為劫財、傷官同柱的人：性格較凶、傲慢、不懂禮貌，人生中也較無助力。

在命局中無比劫的人：會兄弟少，或兄弟緣淺，會獨來獨往，不善與同輩多來往，易孤僻。

八字中比劫多的人：喜與親友多來往，且有金錢來往關係，尤其劫財多的人，和人來往多被劫財而失財，對自己不利。

八字四柱中，比劫與官殺相鄰被刑剋或沖剋時：尤其在天干上較嚴重，會不利兄弟姐妹，兄弟姐妹易受傷害，或早分離，或早夭，或多疾病，而對你無助力。亦會影響你一生容易受欺負，遭小人暗害破財。

八字中，比劫和財星相鄰，刑剋財星：表示刑剋妻子也刑傷父親，亦會因兄弟或朋友，小人來破財。

八字中，祿刃即比劫：月令為建祿或陽刃，例如日主為甲乙木生於卯月，日干得時乘旺，必取官煞或食傷為用神。

命局中食傷旺：亦可用比劫為用神，但不如用印星為好。倘若官煞旺則須用印星才行，比劫做用神是無能為力的。

第十章　常用的神煞

神煞在八字中佔有一定的地位。倘若人只用十神來論命，則只能算是算了一半的命。八字學是從五星學轉變而來的，其神煞看法，與五星學的看法類似，自古以來，命書上所談之神煞就很多，後經過子平八字的改良。現今將常用於論命的神煞列茲於後：

神煞之義：吉的星為『神』，凶的星為『煞』。例如十神中之正官、偏官、正財、偏正印、偏印、食神、傷官、比肩、劫財等皆是神煞。還有祿、馬、貴人、三奇等都是神煞。

神煞的形成，往往是下列幾種方式而成的：

用年支對月支、日支、時支。
用月支對年干、年支、日干、日支、時干、時支。
用日干對年支、月支、日支、時支。
用日支對年支、月支、時支。
用八字上排之干相互組成。（如年干、月干、日干、時干間之關係）
用八字下排之支相互組成。（如年支、月支、日支、時支間相互間用
日柱上下干支本身所帶之神煞形式。

1. 年支見地支神煞表

年支＼神煞	金匱	紅鸞	天喜	龍德	福德	喪門	勾絞	五鬼	歲破	破碎	大耗	白虎
子	子	卯	酉	未	酉	寅	卯	辰	午	午	午	申
丑	酉	寅	申	申	戌	卯	辰	巳	未	未	未	酉
寅	午	丑	未	酉	亥	辰	巳	午	申	申	申	戌
卯	卯	子	午	戌	子	巳	午	未	酉	酉	酉	亥
辰	子	亥	巳	亥	丑	午	未	申	戌	戌	戌	子
巳	酉	戌	辰	子	寅	未	申	酉	亥	亥	亥	丑
午	午	酉	卯	丑	卯	申	酉	戌	子	子	子	寅
未	卯	申	寅	寅	辰	酉	戌	亥	丑	丑	丑	卯
申	子	未	丑	卯	巳	戌	亥	子	寅	寅	寅	辰
酉	酉	午	子	辰	午	亥	子	丑	卯	卯	卯	巳
戌	午	巳	亥	巳	未	子	丑	寅	辰	辰	辰	午
亥	卯	辰	戌	午	申	丑	寅	卯	巳	巳	巳	未

六厄	災煞	的煞	劫煞	伏吟	元辰（陰男陽女）	元辰（陽男陰女）	血刃	桃花（咸池）	天狗（弔客）	神煞／年支
卯	午	巳	巳	子	巳	未	戌	酉	戌	子
子	卯	丑	寅	丑	午	申	酉	午	亥	丑
酉	子	酉	亥	寅	未	酉	申	卯	子	寅
午	酉	巳	申	卯	申	戌	未	子	丑	卯
卯	午	丑	巳	辰	酉	亥	午	酉	寅	辰
子	卯	酉	寅	巳	戌	子	巳	午	卯	巳
酉	子	巳	亥	午	亥	丑	辰	卯	辰	午
午	酉	丑	申	未	子	寅	卯	子	巳	未
卯	午	酉	巳	申	丑	卯	寅	酉	午	申
子	卯	巳	寅	酉	寅	辰	丑	午	未	酉
酉	子	丑	亥	戌	卯	巳	子	卯	申	戌
午	酉	酉	申	亥	辰	午	亥	子	酉	亥

2. 日干見地支神煞表

日支＼神煞	天乙貴人	文昌	學堂	金輿	祿神	沐浴	紅艷	羊刃	飛刃	墓庫	流霞
甲	丑 未	巳	亥	辰	寅	子	午	卯	酉	未	酉
乙	子 申	午	午	巳	卯	巳	申	辰	戌	戌	戌
丙	亥 酉	申	寅	未	巳	卯	寅	午	子	戌	未
丁	亥 酉	酉	酉	申	午	申	未	未	丑	丑	申
戊	丑 未	申	寅	未	巳	卯	辰	午	子	戌	巳
己	子 申	酉	酉	申	午	申	辰	未	丑	丑	午
庚	丑 未	亥	巳	戌	申	午	戌	酉	卯	丑	辰
辛	午 寅	子	子	亥	酉	亥	酉	戌	辰	辰	卯
壬	卯 巳	寅	申	丑	亥	酉	子	子	午	辰	寅
癸	卯 巳	卯	卯	寅	子	寅	申	丑	未	未	亥

3. 日支對地支神煞表

神煞／日支	將星	驛馬	華蓋	桃花（咸池）	血刃	劫煞	隔角	亡神	孤辰	寡宿	伏吟	日破（對照時支）
子	子	寅	辰	酉	戌	巳	寅	亥	寅	戌	子	午
丑	酉	亥	丑	午	酉	寅	卯	申	寅	戌	丑	未
寅	午	申	戌	卯	申	亥	辰	巳	巳	丑	寅	申
卯	卯	巳	未	子	未	申	巳	寅	巳	丑	卯	酉
辰	子	寅	辰	酉	午	巳	午	亥	巳	丑	辰	戌
巳	酉	亥	丑	午	巳	寅	未	申	申	辰	巳	亥
午	午	申	戌	卯	辰	亥	申	巳	申	辰	午	子
未	卯	巳	未	子	卯	申	酉	寅	申	辰	未	丑
申	子	寅	辰	酉	寅	巳	戌	亥	亥	未	申	寅
酉	酉	亥	丑	午	丑	寅	亥	申	亥	未	酉	卯
戌	午	申	戌	卯	子	亥	子	巳	亥	未	戌	辰
亥	卯	巳	未	子	亥	申	丑	寅	寅	戌	亥	巳

4. 月支見干支神煞表

（對照日時支）

月支	天德貴人	月德貴人	天德合	月德合	月破	血刃
寅	丁	丙	壬	辛	申	丑
卯	申	甲	巳	己	酉	未
辰	壬	壬	丁	丁	戌	寅
巳	辛	庚	丙	乙	亥	申
午	亥	丙	寅	辛	子	卯
未	甲	甲	己	己	丑	酉
申	癸	壬	戊	丁	寅	辰
酉	寅	庚	亥	乙	卯	戌
戌	丙	丙	辛	辛	辰	巳
亥	乙	甲	庚	己	巳	亥
子	巳	壬	申	丁	午	午
丑	庚	庚	乙	乙	未	子

5. 天醫星——月支見日支

月支	天醫
寅	丑
卯	寅
辰	卯
巳	辰
午	巳
未	午
申	未
酉	申
戌	酉
亥	戌
子	亥
丑	子

第十一章　八字論命（一）

第一節　從八字看財富

八字學最重要的功能，是要看此人的主貴能力，和主富能力。要看一個人一生到底有沒有用？會不會有成就？會不會創造對人類有用的功業？亦要看用什麼方式可以輔助一個人走在最好的時間及方位上來達成這些對社會對人類有利、對自己也有利，能功成名就的道路上，向前邁進，因此要選喜用神（來找吉方、財方的磁場方位和方向），並且也預先知道大運行經的時間點，要知道在何時是人生最高峰。八字對人的最重要功用在這些。

通常人都覺得八字太難瞭解了，它不像紫微斗數那樣能清楚的描繪出人的長相、財富，而且很多人覺得八字重要！但不知重要在那裡？

八字是人出生時，時間落在黃道上的『十字標的』，是人生命的記號，也是人的根本。八字為平常命格的人，當然沒什麼重要性！當你的八字能成為格局時，如『曲直仁壽格』、『炎上格』、『潤下格』或『井欄叉格』或『化氣格』或『日祿歸時格』，只要你的命格能成格局，亦或是就連支成火局，支成木局，支成金局，支成水局、土局都好，只要能成方局，人的命格都能有些主貴或主富的明堂。最怕八字四柱干上刑剋多，支上又多沖剋，災禍就不少了。

人到底什麼時候，最需要看八字？

人到官升到一定的高位，不知道還能不能再往上升？人有錢到某一種程度，不知道還能不能進入另一個層級的富翁行列時，會想看看自己的八字到底能不能高到什麼樣的程度而想算八字弄清楚。而一般人算八字時，總覺得解釋太少、太簡單了。

我一向主張將紫微命理和八字相輔相成，一起用來算命最實用。因為紫微命理是從八字出來的。紫微命理雖對人的性格、相貌、思路、思想、行為、抉擇等等有很清楚的顯示，讓你很容易瞭解自己，或瞭解別人。知道是因為有這些思想，所以會有這些行為和對前途、對朋友、對命運前途的選擇。但是若真正要計算一個人本命中的財富，或要知道一個主貴的貴格能貴到何種程度，還是要找到人生命的根本。

要看本命的八字才會準！

例如說：有一些主富的格局，是『食傷生財格』，而主富的。但是八字四柱中多少也要看到一些財星才行，一個財星也全無的，富不久。

又例如說：命中財星多，為財多身弱，不能任財，反而不富裕，或主貧。但財星在年、月、日、時上那一柱，就代表該大運時期仍會有財渡過。

在人命中有各式各樣的財富

有的是有祖產，財富由祖上遺傳下來，無須太辛苦，一生下來就能得到了。這是天生好命！

有的人幼年辛苦，需自己打拚而得財。有的人是靠運氣大發而得財。有的人是日夜奔波經營，做經商貿易而得財，逐一不同。有的人因貴而富，有的人因富而貴。有的人八字上看起來財多卻貧，有的人八字上財星不顯卻富。有的人因武職而富貴，有的人依附別人而有富貴，有的人因藝術得財，富而不貴，無名。有的人發而非花，或虛名虛利。有的人會錯過了好機會，而依然貧窮，為遇而不遇的命格，而始終待在貧窮的環境中。

有蔭庇得富貴之命格

庚寅
甲申
日主 甲申
甲戌

日元甲申生於七月，有三甲出干朝元，以年支寅祿為根。年干庚金獨為煞重，乘權為貴（獨煞為權）。寅為甲祿之地，又在年柱，可持上蔭庇佑，寅戌會火局，木火旺為文星，為貴公子之命，享富貴。以庚金為用神，行金水運為吉。

初有蔭庇後家道中落之命格

戊戌
辛酉
日主 癸巳
乙卯

日主癸巳是流過高阜小山的河流之水，源流清徹，就是財官雙美的人，喜甲乙多，雲雨得宜，害怕巳亥相沖，也怕戊土被剋，堤岸損壞而水枯。

此命格為癸水生於酉月，正是金白水清之時，有辛金戊土出干，巳酉會金局。年支戌和戌中都是正官，月柱辛干和酉支皆為偏印，辛年支戌中有一點丁火財星。

因此此人早年有家財，得祖蔭，及成長二十歲以後家道中落。支上卯酉相沖，巳戌相刑。此命格中有辛透干，丙藏支，有中等貴格，以財印並用，以丙火財星為用神。最好的大運在45歲一波運氣，其餘財平平。此命格因卯酉相沖，卯又是癸水之食神。會有子，但由別人養大，不親。日支巳中丙火為癸水之財，因此能娶能生財之妻，或有妻財可用。但巳戌又相刑，故為家運中落之後或父蔭無，父亡之後才娶妻。因金局呈金水系列，故未必與妻子感情好，但也未必會離婚，因其人會緊抓住這一點財。即使離婚也會很快結婚，妻財對他很重要。

平常命格，稍享上蔭有財資助者命格

丁酉
癸丑
日主 丁亥
戊申

日主丁亥為風前秉燭的燭光，喜有壬官來合為『有罩官燈』，其次喜有庚金在干上，為『墮鎮在手』。會有兵權，但此命格兩種貴格皆無。

干上是丁火比肩，癸水官星和戊土傷官。支上丑酉會金局是財局，但酉中辛金為日主之偏才。丑中食神居旺，雖年月支上會成金局，但此財局以偏財為主，故父母只在其人某些行財運之時，才會給一點錢。並不會時常給錢，未來父母不在了，給錢也很有限，其人還是要靠自己賺衣食溫飽。所以此人一生也不會有大財富，會有一些偏財運，但為數也不多。而且財星只另見時支，要老一點才有財了，其人年支酉見亥申日時，為回頭破碎，主狡滑，命不長。且財都留不住，必破耗之。

日支亥中有壬官，甲木為印星，可惜無庚金在干上來劈甲引丁，故其人不喜配偶管，配偶也管不住他，只有財來財去了，能有財，也只能等時運好一點，等父母再給一些財了。

人命有各式各樣的『財』，人命也有各式各樣的人生際遇。在人世間有絕大多數的人、民眾是黎民百姓（黑臉粗工之人），這些人所出生的時間自然是不好的。如果有一些人本身是出生貧寒，後又能成大器者，必然是不小心出生到好時間了。但這種機會可說是千百萬分之一，或是幾億萬分之一了。普通能生得稍有衣食溫飽或稍富足一點的命格，就要謝天謝地了！所以好的八字必出生於好的時間標的，這也必需父母的時運及家運的磁場能配合，才能產生的。日後亦需其人自身的大運及年運配合，才能一生順利，富貴壽考。凡人看命，首重日主（日干支）的本命意義。次重月柱，月柱代表父母，也代表你一輩子所遇到周圍的環境和影響，是生而俱來的環境，以及一生所處之環境，所以父母是否對小孩慈愛用心，已先決定了子女的大半成功命運了。三看年柱，年柱代表祖上、祖蔭施與傳授，能得祖蔭者，人生要努力的基礎比別人高，人生的起跑點比別人好和跑得快，辛勞也別人少，第四看時柱，時柱為子女，才華的展現，凡有『日祿歸時』之格局者，有賢孝之子女，只要時柱佳，生得好，未來子孫輩也傳承得宜，家運蒸蒸日上，亦會有光耀門楣之子孫。如果日柱坐亡神、劫煞、寡宿、隔角、華蓋、飛刃等神煞，易子孫凋零，後繼無人，或子孫分散，不知所終，家運易敗落。

因此，要見到貧命、窮命，隨手可得。要見到能創造富貴之命，在今人中則需向社會上、政治上的檯面之人去找，是較容易看到的。因為社會和政治就是依物競天擇的方式，競爭、鬥爭的方式，有能力才能勝出，展露頭角的。

所以我現在用老總統、蔣中正和宋美齡女士的命格來做比較，你就會瞭解人之財富出現在人命（八字）中，是多麼的多樣性與不同了！

老總統蔣中正之八字命格：

丁亥
庚戌
日主 己巳
辛未

日主己巳為種在山嶺上之黍稷類稼穡植物所用之土。本性高而乾燥。日主己土生於戌月，己土身臨旺地，有庚辛金透干，秋天旺金會洩弱己土之氣，支上亥未會木局。幸丁火透干，丙火藏巳，能補足土之元神。金入火鄉，支上有巳未夾午祿。干上有金，支上會木局，金木對峙，有大貴。壬水財星藏於年支亥中，財在祖上，故本命以貴為主，且是武貴。富不及貴，有異途顯達。有庚辛金在干上，金重，為『土金傷官佩印格』。用丁火做用神。命局中，亥年生人得丁，為天乙貴人，年柱、月柱逢空亡，巳亥相沖，亥見巳為驛馬，亥見戌為寡宿，亥逢未為華蓋，巳逢未為隔角。故為早年離鄉，一生多是非之命，年支亥中有壬水正財，財在祖上，故其祖為一鄉紳，年柱、月柱落空亡，祖上對其無助力。己見未為隔角煞，亦為羊刃，與子女也不親。傷子女，子孫多零落。己刃在未，辛刃在戌，月、時兩逢刃。主剋妻，主生離一妻，死二妻。

大運行進方式

己酉
戊申
丁未 25歲
丙午 35歲
乙巳 45歲
甲辰 55歲
癸卯
壬寅
辛丑
庚子

其人25歲至45歲之間行丙、丁火運時，為其人一生中最大的運程。為一生成名主貴之時，後行金水運則不佳，癸卯運，大陸失守，轉來台灣，庚子運，乙卯年殞落。

宋美齡女士之八字命格：

丁酉
癸卯
日主 辛未
庚寅

日主辛未為混在土中的金。此命格須土來生金，再加之以壬癸水來清洗，能揚眉吐氣。

日主辛金生於卯月，有庚金出干，日主轉旺，有癸水出干能洗金，支上卯未會木局為財局，會洩癸水之氣，用庚制木。癸水傷丁。日主辛金在年支酉中得祿（辛祿在酉），祿在年柱，主蔭庇，享富貴。用庚金做用神。

此命局中，丁貴在酉，辛祿在酉，卯酉又相沖，少年會離家而得貴。

日干辛逢酉，有紅艷煞，主相貌俊秀美麗，有風流浪漫之氣質。酉逢寅為劫煞帶貴，亦為回頭破碎煞，主先富後貧，未逢寅為亡神，未逢卯為血刃。未逢酉為隔角煞。一生多傷災、遷徙，居處不定。癸貴在卯，辛貴在寅，年、月、時皆逢貴人而主貴。

大運行進方式

甲辰	5歲
乙巳	15歲
丙午	25歲
丁未	35歲
戊申	45歲
己酉	55歲
庚戌	65歲
辛亥	75歲
壬子	85歲
癸丑	95歲
甲寅	105歲

丁運32歲結婚步入政壇。土運大陸失守，轉來台灣，庚辛壬癸等金水運，65歲至95歲為一生最佳大運，故一直享受尊榮。

甲運金木相剋，壽終105歲。

此二人的命運及富貴，牽動了中國二十世紀以來，億萬人的命運及生死變化。因此特分析之。

星雲法師創立佛光山，是世界上最富裕的宗教團體。大家都知道，佛光山很有錢，星雲法師也主富，是另類的富貴之人，現在用其八字命格和另一位弘一大師的命格做比較來探討一下同是宗教人物命中帶財的富貴命運和人生。

星雲法師的八字：

丁卯
戊申
日主 乙酉
己卯

日主乙酉為帶有香氣栽於盆中之花木，清香秀麗，可供賞玩。最怕亥酉相刑，午酉相破，使花之精華破壞了，倒不怕卯酉相沖。日主乙酉生於申月，有丁無丙，四柱無癸水，乙木日主坐於酉金之上，得己土出干，使酉中辛金不傷乙木，乙木雙得祿於卯，在年支，時支上皆有祿，表示祖上環境好，有財。月支申中壬水為戊土所制。支上卯酉相沖，申酉代表西方，卯為東方，兼具東西方之氣有大氣魄，為異途顯達之人，名揚東西方，以丁火為用神，行木火運，吉發。

此命局中，有乙祿在卯，乙貴在申，丁貴在酉，己貴在申，三遇貴人，命格主貴。卯遇申為劫煞、災煞、白虎煞。卯遇酉為『破宅煞』，時柱己卯為進神、進祿。故其人能創造橫跨東西方之宗教事業，行人間福法。

這主要是星雲法師的八字氣魄大，卯酉相沖，反而沖開了羈絆，開拓了大境界。日主乙木的財是戊己土，月干上之戊土坐於申上，申中支用是壬庚戊，申中戊土虛浮，戊土坐於申上，無根。時干己土坐在卯上，也受剋，也是虛浮的。因此我們可以看到星雲大師的命中有兩個偏財和一個正財，全是虛浮的。故為眾人之財，正合了他的志業是佛教慈善事業。這些財就可發揚光大，使其人更主貴。倘若想貪財，這些財也會消失不見。另外再提的是支上兩卯相沖日支酉，因此會不婚、孤獨、入宗教為僧。但命格又主貴，故為名揚四海的法師了。

弘一大師的八字：

庚辰
丙戌
日主 乙酉
庚辰

弘一大師的日主也是乙酉，亦是栽在盆中有香氣之花木。日主乙酉生於戌月，有丙火出干，乙庚相合化金，支上辰酉相合化金，辰戌相沖、酉戌相害、辰與辰自刑，時上疊逢華蓋，主僧道孤獨。

此命格四柱無貴人，不主貴。乙木之財為戊己土。在年支辰中有戊土偏財，日支戌中者有戊土，故早年出身富家。

申子辰生人咸池在酉，辰酉相合，主風流好淫，有腸風之疾與消渴症（糖尿病），辰酉在日時上見之水命人更忌。庚刃在酉，帶咸池陽刃，三重刃在日支，主其人多學多能，不免多疾，且剋妻，主先離一妻、死二妻，文學修養好、人風雅。後為高僧。用神取辰中癸水為用神，洩煞生身。

弘一大師大運行進方式

丁亥	5歲
戊子	15歲
己丑	25歲
庚寅	35歲
辛卯	45歲
壬辰	55歲
癸巳	65歲
甲午	

弘一大師在中年以後才悟道入空門，癸運為其出名之時。

有一種財是依人得富貴的財。在這種財裡，分為八字為有『藤蘿繫甲』命格，靠別人養大而有食祿的命格，和『因人致富』的命格兩種。

『藤蘿繫甲』依人得財的命格：

壬午
壬寅
日主 乙丑
庚辰

此為章孝嚴命格。日主乙丑為泥中剛植下之花木。需要陽光溫暖及水來滋潤的環境。

日主乙丑生於寅月，有雙壬出干無根，支上寅午會火局。丑辰為濕土，用庚金生水。乙庚相合，月支寅中有甲，為『藤蘿繫甲』格局，寅辰夾卯，亦有暗祿生之，庚貴在丑，此命局上水下火，相互沖剋，最好以戊土財星做用神，晦火制水為用神。大運在55歲行戊運為佳。

有『藤蘿繫甲』命格時，會由別人養大，亦會改姓。年干、月干為正印，年支食神，月支劫財。年柱、月柱帶財少，故幼年辛苦，依靠外婆成長。丙丁火運時漸佳，戊運時能主貴。

『靠朋友致富』的命格：

庚寅
乙酉
日主 丁巳
辛丑

日主丁巳為星星之火，晴天接觸一點日光，便可以燎原。

日主丁火生於酉月，干上乙庚相合化金，支上丑巳酉會金局，又有辛金出干，無比印，為『棄命從財』格，會富貴兩全。從格為能因人而富，靠朋友而有異途顯達而揚名。以辛金配合做用神，不會刑剋，以格局純粹而主貴。此命格，幼年辛苦貧窮，三十五歲以後進入庚運以後大發，此後四十年，金水運享受大富貴。此命格丁貴在酉，庚貴在丑，辛貴在寅，年柱與時柱互換貴人。年支寅見酉為破碎煞。寅生人見巳為亡神劫煞。丁火剋庚金，為干剋。貴人逢沖、主凶，木火運不吉，有災，小心血光之災。

◎八字論命的法則：

先要看八字四柱的五行旺衰生剋。選出喜用神和忌神。看四柱命格的格局配合、定格局、評高低，以決定命格的奸險忠厚及富貴貧賤或從政商士庶職業之等級。論神煞、驛馬，看命運遷動的狀況。有的人驛馬得官，或得貿易之財，有的人得訟獄之災，因此要細究。三命通會曰：『凡命先論五行，後論祿馬，五行要生旺，祿怕衰絕。』正是此意。

◎在八字四柱上，凡是見到財星的命格，會有財，至少是衣食之祿，雖有財多身弱，不能任財，依然貧窮之格。但仍然能生存下去。在大富的格局中，有一些格局的八字是在四柱上完全見不到財星的，這樣的命格是以行運而主富貴的。亦會在某些背運或衰運期而窮困。

◎在八字中有兩三重貴人，多見貴人，是一定能成名的，至少要有一個貴人在四柱上，才有機會成名。如果同時貴人和財星、祿星同柱，則為出名時同時帶來財富。

◎十干見貴之內容：

甲貴在　丑　陽貴　甲見丑為陽貴人（天乙貴人）
　　　　未　陰貴　甲見未為陰貴人（玉堂貴人）
乙貴在申　乙見申為貴人
丙貴在亥　丙見亥為貴人
丁貴在酉　丁見酉為貴人
戊貴在未　戊見未為貴人
己貴在申　己見申為貴人
庚貴在丑　庚見丑為貴人
辛貴在寅　辛見寅為貴人
壬貴在巳　壬見巳為貴人
癸貴在卯　癸見卯為貴人

◎在子平法中，以貴為官，以官星為祿，以財為馬。但官多有時為煞，反而無祿，馬是驛馬，主奔波。對沖為馬，旁沖為亡神、劫煞。

◎祿、馬、貴人喜相合忌沖剋，亡神、劫煞喜沖剋忌相合。

主富命

長榮集團老闆張榮發之命格

丁卯
庚戌
日主 癸酉
癸丑

日主癸酉為從石中流出的泉水，其源清澈，可源遠流長。

日主癸酉生於戌月，干上庚癸丁透干。支上丑酉會金局，金水相生，年支卯木會剋土，生丁火，丁癸制庚。以庚金為用神，行金水運大發。年上丁貴在酉，月上庚貴在丑，日、時癸貴在卯，四柱皆貴。卯酉相沖，丑戌相刑。

四支又為震、兑、艮、乾相對峙的局面，故主大富貴，癸水的財是火，年干丁火，年支卯中自有丁火，又能木生火，月支戌中也有丁火，有三個偏財，俱在年月上，定有暴發運暴發大富貴。此命格表面上看到的財星不多，但靠大運的運行。25及35歲的大運走財運起來。

大運運行方式

己酉	5
戊申	15
丁未	25
丙午	35
乙巳	45
甲辰	55
癸卯	65
壬寅	75

65歲大發。財在祖上，原本祖上就有家業為底，故能將之發揚光大。

台灣首富蔡萬霖之命格

甲子
乙亥
日主 癸巳
甲寅

日主癸巳為流過高阜小山的河流之水，源流清澈就是財官雙美的人。日主癸巳生於亥月，癸水自旺，干上甲乙木會洩弱癸水，幸癸水得祿於子。支上寅巳中有丙火，由甲乙木生之，食神生財格，以亥中壬水為用神。

命局中，雙甲之甲祿在寅，癸祿在子，雙甲又在亥中長生，祿多而不見貴。支上巳亥相沖，寅巳相刑，子年生人見巳、亥為破宅煞，月、日為劫煞亡神，主貪杯好色。雖早年辛苦，祖上仍有小祿。庚運剋去木而大發。日主癸巳的命格，本來是喜歡山林茂盛及雲雨得宜的，命局中甲乙木多及癸水多都是好的，但怕亥子與巳相沖，也怕戊土被剋制，堤岸損壞而水枯，但水多，再有亥子或寅子相沖，反而是對其人有用的。

大運運行方式

丙子	5
丁丑	15
戊寅	25
己卯	35
庚辰	45
辛巳	55
壬午	65
癸未	75

第二節　從八字看主貴格局

主貴格之命格

主武貴之命格

己巳
甲戌
日主 壬辰
庚子

日主壬辰為『壬騎龍背』。在命局上要有亥子，龍可潛入深淵。更要干上有甲庚坐於寅卯之上，會有風雲際會的人生。最怕支上有『戌』為無情的爭戰刑剋。

日主壬辰生於戌月，干上甲己相合化土，又有庚金遙剋，月令煞旺，逢子水陽刃，為『煞刃格』，主武貴。以甲木為用神。

此命格中辰戌相沖，沖開財庫，壬貴在巳。年支巳見辰為寡宿。年支巳以壬為天馬，本命帶馬又帶寡宿，為放蕩他鄉之命，可惜一派金水命運不繼。

※凡『煞刃格』者，多武貴。

東北王張作霖之命格

乙亥
己卯
日主 庚辰
丁丑

日主庚辰為水師將軍，不宜在陸地行走。故水運吉，木火運不吉。此命局中，日主庚辰生於卯月，庚金坐辰，又有己土出干，日主暗強，專用丁火做用神。亥宮有甲木可引丁，乙木隔位不與庚合。胎元為庚午，有庚金劈甲，午為丁祿，支上丑、卯辰夾寅，有亥暗合，財全成『方』，此貴皆在虛神之用。亥卯會木局為財局，庚貴在丑，乙亥生人得辰在日、時，為『祿前馬後』。主豐發，故為武職顯達富貴。亥臨卯是孤辰隔角，亥見辰又為自縊煞。戊辰年，讓日本人炸死，不善終。

主文貴格之命格

國父孫中山之命格

乙丑
丁亥
日主 辛酉
壬寅

日主辛酉為珍貴的珠玉。辛祿在酉，故為朝廷重寶，是非常名貴值得珍惜的物品。

此命局中，日主辛酉生於亥月，支上丑酉會金局。有丁火出干，寅中藏丙戊，水暖金溫，宜行金運為佳，用神為壬水。命局中有辛貴在寅，丁貴在酉，日貴又逢月貴。且丑年馬在亥（巳酉丑年馬在亥），時干又得壬，為『祿馬交馳』，故大貴。辛運登上大總統之位，木運而亡。

命格辛金的財是甲乙木，月支亥中有甲木正財，出身富家，時支寅中亦有甲木正財，故一生不為財愁，支上寅亥相合，命中木火文星旺，故貴。

康有為之命格

戊午
乙卯
日主　壬子
庚子

日主壬子為氣勢滂沱的大水。須要以煞制刃，用清流砥柱來力挽狂瀾，再用印綬、食傷與官煞互相制伏，富貴前程不可限量。

此命局中，日主壬水生於卯月，卯月為壬水之死地，木神又當旺，會洩弱壬水之氣，故要用庚辛金來制木發水源。有庚金在干上，支上兩子，水旺庚透為『水木傷官佩印格』。有戊土止水，故福壽雙全。命局中有兩子沖午，子卯相刑，卯又破午，為性格易激蕩澎湃之人，完全出於天性。命局全局為水木清華，主科甲之貴。以戊土為用神，走土運佳。參與清光緒戊戌變法。午見卯為『咸池錯差煞』，月犯之，易因婦女起訴訟官非。日時帶陽刃，主暗疾，少子。

馬英九總統之命格

庚寅
壬午
日主 己酉
辛未

日主己酉為一種為了要種植稼穡植物所堆積而成的有營養的土。雖坐於長生之位，但果實尚未豐腴成熟。

日主己酉生於午月，己土坐於酉金之上，被金洩氣，又有壬水緊貼，為身弱。四柱食傷多，支上寅午會火局，生助日主，專以寅中丙火為用神，行東南木火運主貴。

命局中辛貴在寅，庚之庚刃在酉，己祿在午，故幼年環境尚優渥，刃在日支，主剋妻，三十五歲開始飛煌騰達。目前在戊運。

大運運行方式

癸未	5
甲申	15
乙丙	25
丙戌	35
丁亥	45
戊子	55
己丑	65

一般人算命想瞭解命，先談富貴錢財，而研究命理的人在談論命，首重命格之格局好壞及貴賤之分。雖也談富貴，但可鑑貧賤。因為社會上的人因命格不同及差異，其實是有貧富的階級之分的。

在命格論命中，貴賤看官星，貧富看財星。『財星通門戶』者富，即月令（月支）帶財，其人一生多享財富。因此生在建祿的月份上的人，肯定是一生過富裕日子的人。命格中『官星還不見』的人主賤。官星是事業之星，看不見官星的人，主無工作能力，故主賤命無用，亦靠人生活。

在命格中『印財官全』最重要，『印』是掌權，官是事業，亦為掌權。能掌權，就能掌理錢財，無權則無財。在命理中，說富貴雙全的人，必是官星得用，食神財星又乘旺，且帶官印。有的人是先貴再富，有的人是富而享貴。這在現今政治上也屢見不鮮。像富商名流在大富後，接近政界，而出任一些公職或兼任公職而有主貴現象。某些做公職的人，也會因為職位增高而積財富，但這其中，仍以主貴而兼富是最高境界，以富而發貴者較次之。

第十二章　如何論命（二）如何看相貌品行及性情

第一節　論人之相貌

◎八字全陰者，主陰柔，易見鬼，多愁善感，易為小人所羈絆。八字全陽者，性主剛，易暴躁，自以為是，主觀強，易剛愎自用。

◎八字中為『曲直仁壽格』的人，主英華秀發，性格仁厚有壽。八字中為『煞刃格』或煞多，或『重刃』，會性情粗暴，刑剋重，也易遭凶殺身亡。八字中主秀氣的命格，如有『金白水清』的格局，其人外表必清秀可人。

◎在人命格中，主貴及極至，再主秀氣。在所有的命格中，第一等主貴格局為八字中互換貴人，又福顯為官的命格。第二種為以權煞為官星，是中等的官階。第三種主貴者為秀氣而已。其人外表亦氣質佳。

主秀氣之命格

例如蘇東坡的命格

丙子
辛丑
癸亥（日主）
乙卯

日主癸亥為『還原之水』。它是源自崑崙（自西北方流出），水氣通於乾亥，聲勢浩大，水天一色。命局中有乙木，就像清風徐來，自然品德高貴。就像羲皇上人的神仙之人了。

此命格中，丙貴在亥，丙子納音水，水之臨官在亥，為秀氣。癸貴在卯，日時兩見貴人。月支丑宮癸辛並透干，見丙火為『雪後陽光』格。日出於卯，貴在天爵，故此人不止是當時之一代人物，亦留名於後世。

命局中，有丙子、癸亥，年、日犯『陰差陽錯煞』，子年生人見亥，為亡神。因此在年、日上是亡神錯差帶貴，亦有徙流之災及剋妻及喪中娶妻。

主貌美的格局

◎八字上，年干甲見日支、時支有『午』字
年干乙見日支、時支有『申』字。
年干丙見日支、時支有『寅』字。
年干丁見日支、時支有『未』字。
年干戊見日支、時支有『辰』字。
年干庚見日支、時支有『戌』字。
年干辛見日支、時支有『酉』字。
年干壬見日支、時支有『子』字。
年干癸見日支、時支有『申』等皆有『紅艷煞』。

凡有此格局之人，多長相美麗、嫵媚動人，眼帶秋波，流麗生動，風流多情，容易遭惡人覬覦美色。其人本身也會有輕佻的動作。

◎申子辰年生人，咸池在酉。凡命格中有咸池煞者，主聰明有技巧，風流倜儻。如在旺宮，有精巧才藝、藝術。如坐空亡，或帶煞，為村里粗工，有巧藝但不能出名。

◎甲戌火年生人，四柱見卯為『咸池陽刃』。庚申年、庚辰年生人，四柱見酉，亦名『咸池陽刃』，主多學多能，身體多疾病。

◎咸池煞忌見水。主美貌如花，但性濫好淫，以申子辰年生人見巳、時為癸酉，亥子年生人見巳、時為癸酉，皆不吉。

美貌無行之命格

丁未
乙巳
日主 甲午
丁卯

日主甲午為工匠砍鑿之木，必須要有刀斧工具運用，才能成棟樑之材，故要有庚金為用。

此命局中，日主甲午生於巳月，支上有巳午未支類南方，干上有雙丁透干，格局中無水為救，火勢猛烈，洩氣太過，雖有卯巳午為三台之貴。但丁年見支未為紅艷煞。

甲見未為陰貴，甲刃在卯。此命格貌美、聰明、輕佻、無行、無子。火土運刑剋極重遭災，應用巳中庚金劈甲制丁，生水為用神，行金水運較吉。

◎咸池一稱敗神，又稱桃花煞，又為臨官與劫煞併稱桃花煞、臨官與驛馬合稱桃花馬。皆以臨官為桃花。天干與地支同類，如甲戌、丙寅，戊午年生的人，見月、日、時支有卯，方為真咸池。主其人奸險邪惡、淫亂、卑鄙，真咸池生旺的人，則儀容貌美之人，好酒色、耗敗家業，咸池在死絕之位者，為落魄不檢點，狡詐行騙之徒。

◎咸池與大耗為三合局，有不良與貪污之行為。

◎咸池煞主風流好淫，及腸風之疾，若地支有合局，天干又相剋有糖尿病，最忌日支、時支上見到，水命人更凶。如申、子、辰年生人，咸池在酉，命局中支上有巳、酉、丑合金局，合起桃花，必好色，又有糖尿病喪生。

好色又有糖尿病的命格

庚子
辛巳
日主 丁酉
辛丑

日主丁酉生於巳月，支上巳、酉、丑合金局，為財局，亦為合起桃花，有庚辛金出干，巳宮庚金長生，不會晦火。此為『火長夏天金疊疊格』，以富見稱，全局為金。以子中癸水官星為用神。子年生人，咸池在酉，合起桃花煞，好色，亦有糖尿病，庚貴在丑，丁貴在酉。有名望之士，有大富貴。

第二節　論人之性情

◎八字中，四柱帶財、帶祿、帶貴等吉神多的人，性格較圓融、清高，品行較佳，易有出頭機會，易行正道。四柱帶煞多，煞重多刑剋，主一貧薄，命運多桀、運不好，自然性情粗暴、不吉。八字中火重則暴燥、急迫、勞碌、脾氣壞，八字中土重沈穩動作慢、較笨，地支上有辰、戌、丑、未為四印，有戊己土，遇四季春、夏、秋、冬月份生的人，為本宮，主『信』。命局中有甲乙木，逢戊己土為財。再有辰、戌、丑、未四庫，為財已入庫，主人會貪鄙。命格為丙丁火者，遇土為竊氣，不貧即夭。庚辛金遇土局，為子歸母腹。若命局四支上有辰、戌、丑、未四位不全的，又在死絕之地，主其人帶勾絞，使技倆術數，搞鬼怪，不為善類。若支上聚煞於丑宮，易夭折。

◎八字中，辰為天罡，戌為河魁，丑為大吉，未為小吉。命格中四支上有辰戌丑未俱全的為『貴人貴樞格』，但主孤剋，即使命造大富貴，亦不利六親。

◎命局中，支有辰、戌、丑、未多的，如兩三支，其人命逢之，則性拗固執。辰為天羅、戌為地網，凡於辰、戌日時生的人，主孤獨，須過房、離鄉才吉。如相剋，會做藝術空門之人。

◎命局中，時上疊逢有華蓋，主其人離群索居，寂寞孤獨，性情鬱悶。

如　戌年生人，見支上有戌。
　　未年生人，見支上有未。
　　丑年生人，見支上有丑。
　　辰年生人，見支上有辰。

華蓋喜自墓及相生，其人則可享清福，否則為僧人、道士之類。像庚辰日生人，庚辰納音金，但辰為水墓，因此庚辰不能自墓，易為具有村野粗藝之人。墓庫逢華蓋、有福壽，但六親多刑剋。如在日，刑剋妻子配偶，易不婚或配偶早死，在時上，刑剋子女，無子。

◎命局中，如驛馬生旺之人，為人性情爽快。有咸池在命局中，其人待人慷慨、爽直、人緣好、好施。有勾絞、亡神劫煞、三刑相併在命局中之人，為人狡猾機詐。例如甲申年生人，見月、日、時上有乙亥、辛巳的。為城府深、性情深沈、行詐多變之人。

◎命局四柱支上多寅申巳亥等字，或四類全的，主骨肉傷殘，相互刑剋重，如果寅申巳亥在支上值生旺的，其人是知道進取之人，易白手起家，靠自己獨立成功。如果值死絕不吉，則做事是多謀劃，東做做，西做做，善於隨機應變而掌權。如果入賤格，其人多為卑鄙欺詐慳吝之人。

◎如果命局四柱支上有寅巳申三刑，又在生旺之位的人，其人會穩重少語、無情而寡慾，容易做出失去道義及忘恩負義之事。如在衰位死絕之位，亦是忘恩不義，前面才有了聲譽，隨即就背過去而毀信了。支上有寅、巳、申而帶貴，入貴格的人，是喜殺虐、慘無人道之人。入賤格者，為言行乖違越權，無禮義、貪得無厭又吝鄙之人。女子有此命格，易流血、流產、懷胎不易，刑剋子女，一生不利骨肉。

◎如果命局四柱支上有卯、辰、午、丑為六害（其中有二、三個即是，如果生旺，主其人好勝心強，外表形貌莊嚴、堅毅。如果帶貴，主掌大權。如果在死絕衰位，主其人有傷剋，家產傾覆，如入賤格，易在不義之地謀生。主為盜賊之輩。

◎如果命局中支上有子未相穿是刑剋，不論其在生旺或死絕之地皆不利六親。在年月，為祖上、父母不利，在日時，為對配偶子女不利，易不婚或無子。如帶貴人貴格，又多受妻妾之累，（現今指妾為婚後外面的女朋友）入賤格，主其人一生孤獨無靠。

◎如果命局中四柱支上有戌酉，在生旺處，主其人剛暴乖戾。如在死絕之地，主其人殘酷狠毒，如果帶貴入貴格，其人為善嫉妒之奸佞之人。入賤格，其人亦陰險狡滑，陷害他人。

◎如果命局中支上有丑戌未三刑，在生旺處，主其人意氣風發，雄壯英豪。性格耿直會攻擊別人。如在死絕，其人則形貌瘦小，為幸災樂禍之小人。如果貴入貴格，為一公正清平之人，眾人多畏懼他。如果入賤格，易犯官非刑責，且易有暗昧不明之災禍。女命則易孤獨受剋。

◎命局中支上有子卯相刑，在生旺處，主其人有威嚴、肅穆，個性粗暴，脾氣強硬，凡事太明察秋毫，而不能容人。如果在死絕之地，其人對人之言語多侮慢刻薄、剋害妻子、不孝。如果帶貴入貴格，易掌兵權，但居位不久。如入賤格，為凶暴、悖逆祖上、父母，多招刑禍上身。

◎命局中四柱支上有辰、午、酉、亥自刑的格式，在生旺處，主其人性格沈靜、內心狠毒。外表容貌醜又弱小。如果在死絕之地，其人內心超狠毒，凡事又驕傲輕忽。易多四肢手和腳足之傷災。如果帶貴入貴格，為權謀多、聰明機變之人。如果入賤格，易頑固愚笨、多憂愁。如果帶凶煞，不善終。女命主其人易淫蕩，有夭折之命。

◎命局中，日柱帶孤寡，為命犯孤寡，主其人形貌孤獨、枯瘦、露骨、面貌不和氣，人緣不佳，也與家人緣薄。若與驛馬同柱，主其人放蕩漂泊他鄉。若與空亡同柱，少小無倚，無父母。與喪弔同柱，父母會相繼而亡，其人易一生多逢災禍，孤獨伶仃。若與貴人同柱，入貴格，為入贅婦家之人。入賤格，一生多遷移、漂流，不安定。

例如：

前大陸四人幫江青之命格

甲寅	丙寅	日主 乙丑	丁丑

日主乙丑為泥中剛植下之木，最喜歡有氣候溫暖，有陽光、水來滋潤的環境。

日主乙丑生於寅月，干上有甲、丙、丁，支上雙寅，木氣生旺，寅中有甲祿，且是丙火長生之地，幸丑中有己癸辛，以辛金生水為用神。此亦為『藤蘿繫甲』格。

甲逢丑為陽貴人，出現在日支、時支，兩見貴人，靠配偶而主貴，發達亦在中晚年。癸運大發，而有名聲、掌權。

寅年生人，紅鸞在丑，主桃花。但寅卯辰年生人之孤寡亦在丑，命犯孤寡，主形瘦骨露與自家緣薄，以桃花依靠夫家，一生孤獨伶仃，骨肉參離，戊運合去癸水，於獄中自殺身亡。忌火土運，此人命格中一派火多，主急躁，性火暴，且日、時犯天殺，主不善終。且又帶轉角煞，又名『惆悵煞』，主君子玷責、小人徒刑。又帶孤寡，為人冷血狠毒。

※甲貴在丑為陽貴，甲貴在未為陰貴。陽貴代表明顯相助的貴人，也代表男性貴人。陰貴代表暗地相助的貴人，也代表女性貴人。

第十三章　如何論命（三）
論婚姻幸福及家宅安定

◎貴人在日支上顯現，配偶為貴人，男易娶使其增貴之妻，女易嫁使其主貴之夫。如上一章江青命造。

◎祿在日支上顯現，則其財祿主要靠配偶供給，並能嫁娶有大財祿之配偶，夫妻合諧幸福，能白首。如貴人與祿馬同支在日支，福力加倍，夫妻能攜手合作，共創大事業、大富貴。

◎命局上有『日祿歸時』格局者，主有好子孫、後代。

◎男人以財為妻，女子以官為夫。例如男子命局中如果是命格屬金之人（金年生人或日主為庚辛金），以寅卯為財，而日支有申酉或庚辛之類，為『破格』，主刑剋配偶，易不婚，或離婚。如有『破祿』，如甲祿在寅，有申沖，或乙祿在卯，有酉沖，亦不利婚姻，多刑剋，易配偶傷亡或離婚。

◎命局中日支帶破者，如『破印』、『破馬』、『破祿』、『破財』、『破合』者皆不利配偶和婚姻。

※『破合』為例：年干為甲午，月、時干支上有己亥，又見日支為巳或子來相沖稱之破合，因甲己要相合。

※『破印』為例如年柱或日柱為木，月柱或時柱有癸未，再有日柱為乙丑，納音屬金者稱之。癸水為木之印，但支上相沖，相破了。

◎命局中年柱與日柱、時柱，互換貴祿者，主家室和樂，有大富貴，如庚寅年生人，而日時有甲申之類，但易奔波離家遠。

◎命局中有『祿馬同鄉』在日柱或時柱上顯現者，主有妻財，且妻賢子孝，如甲子年生人，見寅日或寅時。因申子辰年生人驛馬在寅，而甲祿亦在寅之故。

◎命局中，甲戌年、丙寅年、戊午年生人，見日支為卯，為真咸池，主其人奸鄙、邪淫。咸池及日主生旺的人，有美容顏，但好酒色、破財，婚姻不美。在死絕之位者，為落魄，行為不檢之人，也易無妻。

◎命局中若咸池與元辰同柱在日支上，又為生旺的人，多娶匪人為妻，不善類。

◎命局中若咸池與貴人、建祿同柱在日柱上，主其人因得女人暗昧之財起家，或做賣酒、油鹽民生物品的生意起家。其人易有水厄、癆病，或有暗禍，凡事終破不成。女命尤忌。

◎命局中日干就時支坐陽刃，主剋妻、易無子或子息帶災。時干就日支作陽刃，主妻惡死，或妻不良，或軍人帶痼疾、不孕。

◎命局中有隔角煞在日時上，如子日戌時、丑日卯時、辰日午時、未日酉時，互換來看，其人會剋妻損子。胎元有此隔角煞，又損剋父母，此又名血光煞，流運逢之主血光。

◎命局中，如卯年生人，日、時上有甲字，為『朝元陽刃』主凶，其人性粗暴、家宅不寧，剋自己，亦剋妻。

命局中年干時支做刃，主父母惡死，如更有劫煞在刃上，更驗。如胎元帶陽刃，或胎元與生年相刑，主其人出身不佳，或父母惡死，或父母貧賤不善，或父母暗昧所生之子。女子有此命，主產子有災厄。

◎命局中，日柱帶華蓋為命帶華蓋，主孤獨，兄弟少，或過繼別家，或獨子，亦可能為做僧道或做藝術之流的人。女命易為寡婦或為填房。

◎命局中，凡日、時二柱坐華蓋者，主其人一生事業易歇息幻滅。壬年及癸年生人忌此命。主其人會老年喪子，日犯剋妻。女命逢日時有華蓋，是一生不會生子女的人。

◎命局中，日柱上見空亡，其人多半為庶出之子（小老婆所生），或妻妾會爭執分離。

◎命局中日柱有陽刃兼華蓋，如己亥、己卯、乙未年生人，又日支為未，主妻先嫁一人。

◎命局中，女命四柱中有庚戌、辛酉，干支相連，金緊木漫，為『連珠煞』，主剋夫害子。在日、時上，更災禍緊湊。

◎命局中有『夫健怕妻』格局者，妻奪夫權，其人多懦弱，有『妻管嚴』之狀況。

在八字中，以木為夫，土為妻，木旺土多，無金不怕，八字中一見庚申、辛酉等字，土生金，金剋木，是為『夫健怕妻』。倘若歲運逢金，亦同稱此格。

又例如：甲寅日、乙卯日為日元，是為夫健，四柱土多，局內又有金。或是乙日卯月，年時多土，干透庚金的命格，即所謂『夫健怕妻』。再如：日元為木無氣，而四柱土重，八字中不見金，夫衰妻旺，亦會怕妻。五行間皆是如此看法。

『夫健怕妻』重在一『健』字。如果日主不旺不健，為財多身弱，終身困苦。如果日主生旺，健而怕妻，怕而不怕，運程遇到生旺扶身之地，自然會出人頭地，此命格亦算上格。

◎命格中有『陰錯陽差』煞的人，主喪中娶妻或入贅他家，或改姓為贅婿。否則會剋妻。女命有此『陰錯陽差煞』，為續絃繼室之命，刑剋重，會帶給夫家零落。

『陰錯陽差煞』為交退伏神十二位。凡命局中有下列干支兩個以上者，則犯『陰錯陽差煞』。

如命局中有：丙子、丙午、辛卯、辛酉。

丁丑、丁未、壬辰、壬戌。

戊寅、戊申、癸巳、癸亥。

◎命局中若陰錯陽差煞與咸池煞同在命局中者，主其人因桃花惹官司訟獄，或因妻家有官非之禍。

◎在命局中，男命重官為煞不貴，女命以官星為夫星，命格四柱見重官，又有丁壬之合，丁壬之合為淫賤之合，主刑夫淫賊之命。此命格無論男女皆刑剋無子。

◎在命局中，如有兩干兩支相同，為『雙辰煞』。若再有六害、亡神、劫煞同柱，男子易獨居無妻，女子易孀寡。

◎在八字命局中，卯年生人，在月、日、時支上有申。酉年生人，在月支、日支、時支上有寅，稱之為『破宅煞』。如果卯、酉年生的人，有寅、申兩個都有在命局支上的人，是愛造房屋，先富後貧，主破家，易燒毀，或遭官司抄沒。

子年或午年生的人，有巳、亥在支上亦為破宅煞。主破產。

◎八字命局中，日柱、時柱見亡神、劫煞、大敗、破碎等煞，皆主剋妻、婚姻不美。

◎命局中有『孤劫同辰』格局的更兼隔角。主初年豪富，中年刑剋孤貧。例如丑年生人，見寅為劫煞帶孤辰(孤辰同劫)。辰年生人，見命局中有巳。戊年生人，見地支有亥。未年生人見地支有申，皆是孤劫同辰，更兼隔角，中年刑剋退散，易喪生或遭刑有災。

『妻管嚴』主富的例子

己亥
戊辰
日主 甲寅
辛未

日主甲寅為碩果品彙之木，是一種高級果木，必須有人持刀看守，方可。忌刑沖。

日主甲寅，生於辰月，四柱土多，時干辛金透出，土能生金，而金又剋木。此格局為『夫健怕妻』格。土為甲木之財，所以遍地是財，其人年青時走木火運，去其土金，而辛金生一點水，可揚名，到甲子、癸亥年，印旺逢生，財官兼具，更為發達。取食神生財為用神，有大富貴，但懦弱怕妻，家有悍妻。

『妻管嚴』普通命格的例子

己巳
戊辰
日主 甲子
辛未

日主甲子為水邊衰退之木。生於辰月，木有餘氣（辰宮為木之餘氣）。子中有癸水為印綬，有中和之象。戊己財星當令，時干透辛為官星，土旺而生金。但子未相穿壞印。此命格為『夫健怕妻』格，『妻管嚴』。以丙火為用神，靠家業而生存，懦弱、無子。

妻賢帶富貴的例子

前內政部長吳伯雄之命格

己卯
庚午
日主 己丑
丙寅

日主己丑為含水量豐富、多膏脂的腴田之土，所能收獲的稻作物也最多。

日主乙丑生於午月，己祿在午，支上丑寅卯為東北方，又有寅午會火局，干上庚金能生丑中之癸水，庚貴在丑。日主己丑的人多婚姻美滿，夫妻合諧，再加上帶貴，故會娶主貴之名門之妻，會為他帶來富且貴的人生。

此命局中有卯見午為孤辰隔角，在年月柱上見，易損父母。

畫家張大千之命格

己亥
己巳
日主 戊寅
庚申

日主戊寅為艮山。以長生趨艮，氣脈聚會而定。戊土在寅中長生。日主戊寅的人喜歡命中有煞刃、財星、食神，不喜刑剋沖破。

此命格為建祿格，日主戊寅生於巳月，干上多土，火旺土實，先用亥中之甲木疏土，再用亥、申中壬水來幫助，本需癸水最妙，但只有壬水為偏財，用財星壬水做用神。庚能生申中之壬水，財多主富貴，但為虛利。

在此命局中，支上寅申巳亥全。凡命局上有寅申巳亥全者，多主骨肉傷殘，值生旺，喜進取，入貴格，有操守，善機權。雙巳見申為兩重貴人，亥年生人見寅申為亡神、劫煞，故此格為『亡劫帶貴』，主發運，亦主剋煞，且能得煞財。亥年驛馬在巳，寅亥六合，合起吞焰煞。寅申相沖，妻宮有損傷，娶三妻。

年命己亥納音木，木在亥又為長生，凡日、時帶亡神劫煞者，又有長生或貴人，能化煞為權，或為藝術之流人物。

第十四章　如何論命（四）

論健康疾厄帶病

◎凡命局中，日主強旺，支上多沖剋的，會刑剋家人。如日主弱，而支上多沖剋的則易有殘疾、惡病之災了。

◎在命局中，煞多時，要我（日主）去剋煞，不可煞來剋我。我剋煞則身體健康，財自然會來。煞來剋我，則無福，身體不佳，主貧窮。

◎命局中有神煞，見二重亡劫，主窮及訟獄之災。三重亡劫，主為賊人及官非牢獄之災，帶惡病，主肺癆病亡，嘔血而死。

◎命局中帶吞焰煞及亡劫者，主中風而亡。日時有亡神、劫煞者，主酒色成疾。

◎命局中，四支有辰、酉二字，主桃花，申、子、辰生人咸池在酉，有咸池殺者，主風流好淫及腸風之疾，亦主有糖尿病。

◎命局中，年日時之陽刃，聚於日上，為刑剋重，駝背傷殘之人，亦有牢獄遭刑之災，及血光性命不保。

◎女命命局中支上有寅、巳、申三刑，主易流產、血崩，一生不利子息。

◎命局中支上有辰、午、酉、亥等自刑，易有四肢手足之傷災。女命要小心邪淫夭折。

◎命局中，有天乙貴人扶身，無刑沖，主其人一生少病，早年享福。

◎老年運程逢驛馬，主其人有氣虛、腰痛、腳痛、筋骨酸痛之疾。幼年運歲逢驛馬，主受驚嚇或跌倒傷災。

◎命局中有劫煞剋身（日主），更帶金神陽刃同剋者（如庚刃在酉），主有車禍，交通事故之災。

◎命局中日柱有亡神和貴人，劫煞、惡煞同柱，其人喜爭強鬥勝，有謀略、性格狂妄，心地狹窄，易有官非牢獄之災，且易生皮膚腫爛及氣血方面的疾病。

◎命局中有劫煞亡神和貴人建祿同柱者，又火多剋身者，多腰足酸痛之疾。

◎命局中，犯陽刃者，不論在四柱中那一柱，易患頸部淋巴腺腫脹有腫塊之病，也易得瘴氣濕熱病毒，更易犯血光，刀傷、車禍等災。

◎命局中有真陽刃，例如六甲年生人逢四柱有乙卯、丁卯者為真陽刃，主殘疾。

◎命局中有甲年生人，見月、日、時柱有辛卯，為『持刀煞』，亦稱『刃頭鬼』，易腦脹發背而亡。如甲生人見己卯，為『銷鎔煞』，主破財及被盜殺害。

◎命局中有白虎煞者，又稱災煞，主血光橫死。寅午戌年生人逢四柱有子。申子辰年生，四柱逢午。卯亥未年生人，四柱逢酉。己酉丑年生人，四柱逢卯，皆為白虎煞。煞為子水者，防溺斃。煞為午火者，防焚燒、火災而亡。煞為卯酉金木者，小心被木杖、刀刃所傷，以及車禍、墜落或生瘟疫之病而亡。

◎命局中有『暗金的煞』者，主有病。如子午卯酉年生人，命局中支上見巳，為『呻吟煞』，主其人易遭杖刑和牢獄之災。如寅申巳亥年生人，命局支上見酉，為破碎煞，主其人有六親緣淺分離，及血光之災。如辰戌丑未年生人，命局支上見丑，為『白衣煞』，主有喪服哭泣悲傷之事。因巳、酉、丑皆為『暗金的煞』，此煞屬金。如果此煞在長生之後，主其人身體易瘋癱，如果此煞在旺位、臨官之位，主腹內有蟲。如果此煞在墓地，主其人惡死與無子或剋子，有貴人、建祿同柱時，刑剋會稍慢一點。

◎命局為戊土生寅月，四柱無甲癸丙為用神的人，稱為『土木自戰』，是身體弱，有腹中疾病，或有寄生蟲，又會殘疾且愁苦的人，身強、更無用。

◎八字中，上面一排天干全為木，下面一排地支全為土，為『土木交鋒』，主其人有腹內疾病，大腸不通，脾胃有問題，若顛倒過來，亦是。

有傷殘命格的人

癸卯
辛酉
日主　丁丑
丙午

日主丁丑為鑽木取火的火花，需用甲木引燃，或用石頭激出火花，但要火土乾燥，才能點燃。

日主丁丑生於酉月，有癸水出干為煞，支上丑、酉會金局，是財局，為財旺黨煞無制。丁火為衰竭之火，雖弱煞易能傷丁，必須以戊土為制，無戊土用午中己土為用神。

命局中癸貴在卯，丁貴在酉，但卯酉相沖，午酉相破，卯年見酉為白虎煞，卯年見午為隔角煞，日柱更帶寡宿，癸刃在丑，丙刃在午，刑剋太多，不婚，身體殘障，有小兒麻痺，性奸佞不善，木運剋土受災而亡。

第十五章 如何論命（五）

如何看運程

◎八字看運程，由月柱起排運，陽男陰女順行排，陰男陽女逆行排，逢到喜用神得力之大運或流年為吉，會大發。如運行忌神所到之大運流年則不吉、有災、或窮。如能確實算出起運年歲，則以起運年歲標在上面。如概算之，則以大致以5歲為起運年歲來排行運方式來大概的看一下。

例如：陽男

八字

		日主	
庚戌	戊子	丁卯	戊申

行運方式 順行

己丑	庚寅	辛卯	壬辰	癸巳	甲午	乙未
5	15	25	35	45	55	65

※甲木為用神，甲運吉

例如：陽女

八字

		日主	
甲辰	丙寅	丙午	戊戌

行運方式 逆行

乙丑	甲丁	癸亥	壬戌	辛酉	庚申	己未	戊午
5	15	25	35	45	55	65	75

※癸水為用神，癸運吉發

例如：陰男

八字

		日主	
丁酉	癸丑	丁亥	戊申

行運方式 逆行

壬子	辛亥	庚戌	己酉	戊申	丁未	丙午	乙巳	甲辰
5	15	25	35	45	55	65	75	85

※丁火為用神，丁運吉發

例如：陰女

八字

		日主	
乙未	戊子	壬子	壬寅

行運方式 順行

己丑	庚寅	辛卯	壬辰	癸巳	甲午	乙未	丙申
5	15	25	35	45	55	65	75

※丙火為用神，丙運佳

◎另一種粗略的看八字運程的方法，就是以年柱代表幼年時期一歲至二十歲的運程，年干代表一至十歲，年支代表十至二十歲。月柱代表二十歲至四十歲的運程，以月干代表二十至三十歲的運程。以月支代表三十至四十歲運程，以日柱代表四十歲至六十歲之運程。以日干代表四十至五十歲運程，以日支代表五十至六十歲運程。以時柱代表六十歲至八十歲運程。以時干代表六十歲至七十歲運程，以時支代表七十至八十歲運程。八十歲以後，便又走到年柱上算了。

◎八字四柱上，財星在那一柱，那一柱所代表的大運就有財。如財星在年柱，小時過得富裕，祖上富裕有祖產。財在月柱，最好在月支建祿，父母有錢。出生環境好，人一生的運氣財多、富裕，中年時期生活優裕、主富，財在日柱，在日支，無刑剋者，能得妻財，五、六十歲時運佳，有成就而富貴。財在時柱，為老年運有財，子孫賢孝而得財。

※若要知道流年運那一年好，仍要以喜神用的年份主富發。

◎八字四柱上貴人、驛馬同支，或與建祿合，主貴發，有大富貴。奔波得財得富貴。

◎八字四柱上祿與驛馬相連，祿多、馬少主勞神。祿少馬多者，主其人善計較、喜計算、精通數字，祿在天干上，要不傷日主才行。

◎八字中少年運或老年歲運逢祿多，主生病，故老幼皆不宜祿強。

◎命局中有『貴合』、『貴食』官高祿重。『貴合』主事業發達。以甲年生人，有己丑、己未在月、日、時柱上，或是戊年生人，有癸丑、癸未在月、日、時柱下，為『貴合』。以甲年生人有丙寅、丙辰在月、日、時柱上稱之為『合貴』。『貴食』主財祿豐厚。如乙年生人得丁酉、丁亥為『貴食』。

◎命局四柱上，生月、日、時有天乙貴人，天干四字皆得貴於四支，以貴論極貴，一生平順直上，運極佳。

◎命局中有財星或祿星與元辰同支，因賭博贏錢得財，如在年柱，幼年如此，如在月柱青年如此，如在日柱中年如此，如在時柱，老年如此。

※元辰又稱大耗，陽男陰女生年對沖前一位支辰。如生年為卯年、元

辰在申，陰男陽女為生年對沖後一位支辰·如生年為卯年，元辰在戌。

◎命局中，如有合局，如申子辰合水局，巳、酉、丑合金，寅午局合火局等，如合局中帶建祿，亦有橫財及意外名望之福。要看合局是在四柱中那兩柱或三柱，則此二柱或三柱，代表之歲運主有意外之財及聲名。

◎命局中，歲運逢咸池與大耗（元辰）合局，有不良的貪污之行為。

◎歲運中，逢沖擊，大多為凶，如甲子、甲午、己卯、己酉，主其人破財，破祖業，身心不閑。

◎歲運中，祿星與官符同柱，會因官門得財，或訴訟得財，要看在那一柱上，便大概可知得時日年歲了。祿星若與天中煞同柱，易遺失破財。

◎歲運遇陽刃，帶貴，主武職或強勢主貴。會凶暴的競爭，多耗財，但能成事。

◎歲運逢劫煞亡神，小心脾氣暴躁、狂妄心窄，易有官非、病痛。

◎歲運逢驛馬或合驛馬，主升官進祿，並有喬遷之喜。

◎歲運遇馬與病符同柱，主因病驚恐。若驛馬與官符同柱，主人為官非驚恐。

◎歲運逢驛馬、沖馬、合馬皆主發動。

◎歲運逢貴則主貴。歲運逢財則主財富。如江青命造丑貴在日柱上，四十歲以後才主大貴。

◎命局中寅、午、戌多，而見丙申。辰、子、辰多而見庚寅，為馬上干剋支，歲運逢之，主多驚險之事，此為『一木繫雙馬』。

◎歲運中逢咸池煞，主邪淫、耽酒色、疏財、破家，言行狡詐，不檢點。

◎歲運中逢咸池陽刃，日時與納音為水命者遇之大凶，主遭強暴致死。

◎歲逢逢空亡，多招虛名、虛利，亦多意外無心之福。但無大成就。

◎歲運逢空亡與亡神同柱，主該運為飄蓬之人，不穩定。與建祿同柱，該運易破財散物，不吉。

◎歲運遇元辰（大耗）同柱易有災難或體內易有疾病，多是非，不寧靜。大運碰到，有十年可怕。有失業或在家中亦有災。歲運逢元辰與官符或劫煞同柱，多招無辜之災。要言行慎行，否則動則招辱、不吉。

◎歲運逢『暗金的煞』、『呻吟煞』，有杖責及刑獄之災。端看四柱中在那一柱上，即知年歲。否則以忌神當道的年歲為主。

◎歲運逢破碎煞，主妻離子散及血光之災，歲運逢白衣煞，主服喪及悲傷之事。

◎歲運逢『陽刃倒戈』，大凶、犯事、不善終。如丙戊刃在午，為陽刃。命局中木會生火，火又生土燥，火炎土燥不可遇水，遇水反激凶禍，不能走水運，稱之『陽刃倒戈』。

歲運舉例

『陽刃倒戈』命造

丁丑
丙午
戊午 日主
甲寅

日主戊午為火山。炎熱燥烈。又生於午月，午中有丁己祿，支上寅午會火局，天干又有丙丁火出干，印旺煞高，木火自焚，四柱無財星。甲木七煞助刃而不制刃（丙見午為陽刃），有『陽刃倒戈』之險。子運大凶，主貴亦不得善終，以丙火旺神為用神，取印化煞。

行運方式（逆行）

乙巳 5
甲辰 15
癸卯 25
壬寅 35
辛丑 45
庚子 55

※子運『陽刃倒戈』凶死。

用你的運氣來減肥瘦身

法雲居士⊙著

人身邊的運氣有很多種，有好運，也有衰運、壞運。通常大家只喜歡好運，用好運來得到財富和名利。

但通常大家也不知道，所有的運氣都是可用之材。衰運、壞運只是無法得財、得利，有禍端而已，也是有用處的。只要運用得當，即能化險為夷，反敗為勝。並且運用得法，還能減肥、瘦身、養生。

這是一種不必痛，不必麻煩，會自然而然瘦下來的減肥瘦身術，以前減肥失敗的人，應該來試試看！

學會這套方法之後，會讓你的人生全部充滿好運跟希望，所有的衰運也都變成有用的好運了！

樂透密碼

法雲居士⊙著

偏財運的暴發能量＝人的質量×時間^2

（本命帶財）

本書是討論會中樂透彩的人必有其特質，其中包括了『生命財數』與『生命數字』。

能中樂透彩的人必有暴發運，

世界上有三分之一的人有暴發運。

因此能中樂透彩之人必有其數字金鑰和生命密碼。

如何運用這個密碼和金鑰匙打開生命中的最高旺運機會，又將在何時能掌握到這個生命的最高峰，這本『樂透密碼』將會為您解開通往幸運之門的答案！

命理生活新智慧・叢書46

如何推算大運・流年・流月

（上、下二冊）

全世界的人在年暮歲末的時候，都有一個願望。都希望有一個水晶球，好看到未來一年中跟自己有關的運氣。是好運？還是壞運？
中國人也有自己的水晶球，那就是紫微命理精算時間的法寶。在紫微命理中不但可看到你未來一年的命運，更可以精確的看到你這一生中每一個時間，年、月、日、時的運氣過程。非常奇妙。
『如何推算大運・流年・流月』這本書，是法雲居士利用紫微科學命理教你自己學會推算大運、流年、流月，並且包括流日、流時等每一個時間點的細節，讓你擁有自己的水晶球，來洞悉、觀看自己的未來。從精準的預測，繼而掌握每一個時間關鍵點。

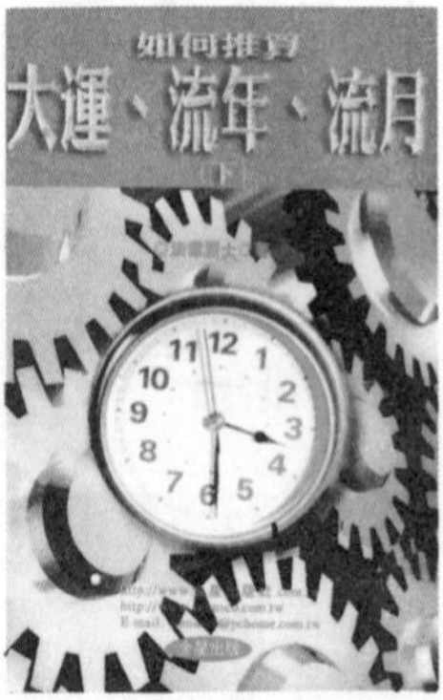

這本『如何推算大運・流年・流月』下冊書中，法雲居士利用紫微科學命理教你自己來推算大運、流年、流月，並且將精準度推向流時、流分，讓你把握每一個時間點的小細節，來掌握成功的命運。
古時候的人把每一個時辰分為上四刻與下四刻，現今科學進步，時間更形精密，法雲居士教你用新的科學命理方法，把握每一分每一秒。
在每一個時間關鍵點上，你都會看到你自己的運氣在展現成功脈動的生命。

法雲居士⊙著

金星出版

考試你最強

法雲居士◎著

讓老天爺站在你這邊幫忙你考試

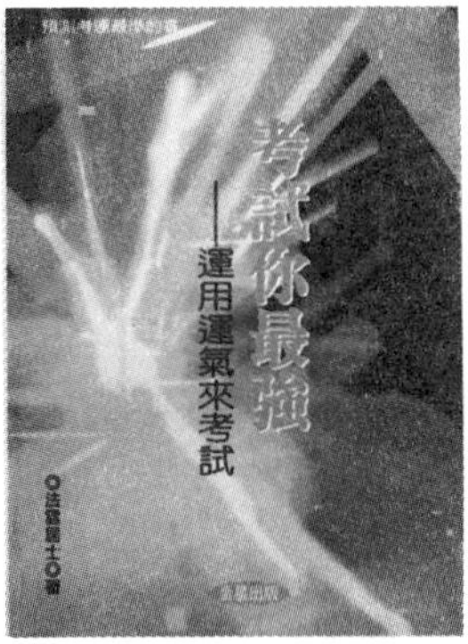

- 老天爺給你一天中的好時間、給你主貴的『陽梁昌祿』格、給你暴發運的好運、給你許許多多零碎的、小的旺運來幫忙你K書、考試。但你仍需有智慧會選邊站，老天爺才會站在你這邊！

如何運用運氣來考試

- 運氣是由許多小的時間點移動的過程所形成的，運用及抓住好的時間點，就能駕馭運氣、讀書、K書就不難了，也更能呼風喚雨，任何考試都手到擒來，考試強強滾！
考試你最強！

三分鐘會算命

簡單・輕鬆・好上手

讓你簡簡單單、輕輕鬆鬆，一手掌握自己的命運！

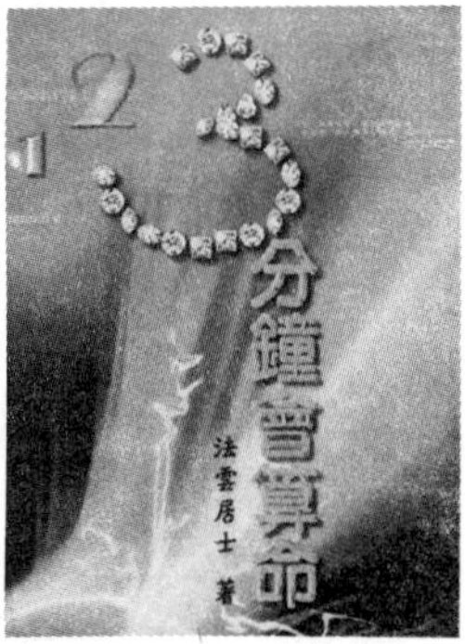

誰說紫微斗數要精準，就一定要複雜難學？
即問、即翻、即查的瞬間功能，
一本在手，助你隨時掌握幸運人生，
趨吉避凶，一翻搞定。
算命批命自己來，命運急救不打烊，
隨時有問題隨時查。

《三分鐘會算命》就是你的命理經紀，
專門為了您的打拚人生全程護航！

命理生活新智慧・叢書 49

紫微命格論健康

（上、下二冊）

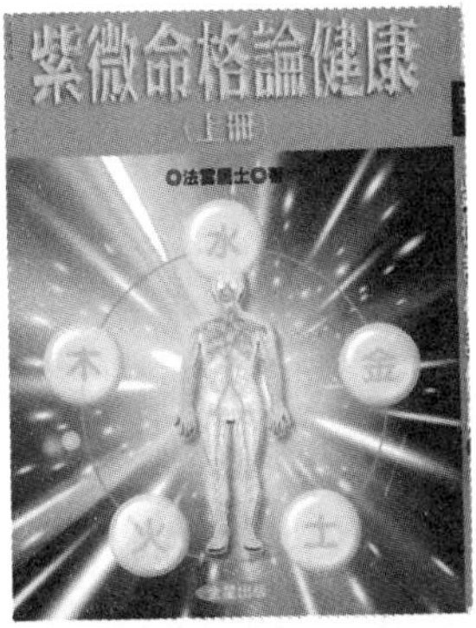

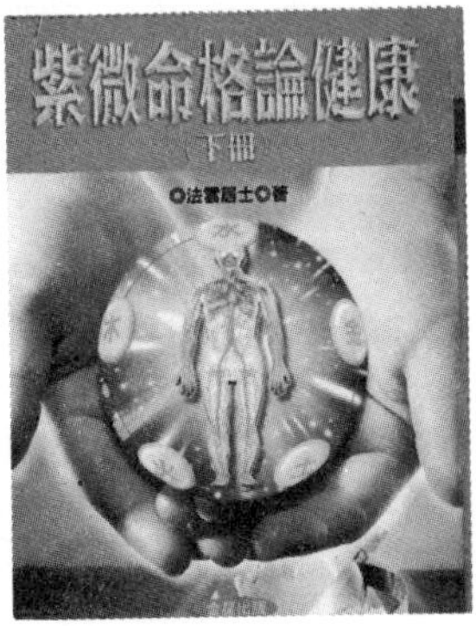

『紫微命格論健康』下冊是詳述命理和人身體上病理之間相互關係的一本書。
上冊談的是每個命格在健康上所展現的現象。
下冊談的是疾病因命格不同所產生的理論問題。
也會教你利用流年、流月、流日來看生理狀況和生病日。
以及如何挑選看病、開刀，做重大治療的好時間與好方位。還會談及保養和預防的要訣。

紫微斗數是最能掌握時間要素的命理學。
生命和時間有關，
能把握時間效應，就能長壽。
故這本書也是教你如何保護生命資源
達到長壽目的的一本書。

法雲居士⊙著

金星出版